Esta coleção tem por objetivo debater os dilemas do cotidiano escolar presentes na atividade educacional contemporânea. Busca-se um conjunto de leituras possíveis em torno de uma mesma temática, visando reunir diversos referenciais teóricos e soluções alternativas para os problemas em foco. Atinge-se assim um panorama atualizado e abrangente, tanto das questões relevantes à prática escolar atual quanto das novas perspectivas para o seu enfrentamento.

Dados Internacionais de Catalogação na Publicação (CIP)
(Câmara Brasileira do Livro, SP, Brasil)

Sexualidade na escola: alternativas teóricas e práticas/ coordenação de Julio Groppa Aquino. – 6. ed. – São Paulo: Summus, 1997.

Vários autores
Bibliografia
ISBN 978-85-323-0593-0

1. Adolescentes 2. Educação sexual para adolescentes 3. Sexo — Aspectos sociais 4. Sexo — Psicologia I. Aquino, Julio Groppa.

99-4979   CDD-155.53

Índice para catálogo sistemático:
1. Sexualidade dos jovens   155.53

EDITORA AFILIADA

Compre em lugar de fotocopiar.
Cada real que você dá por um livro recompensa seus autores
e os convida a produzir mais sobre o tema;
incentiva seus editores a encomendar, traduzir e publicar
outras obras sobreo assunto;
e paga aos livreiros por estocar e levar até você livros
para a sua informação e o se entretenimento.
Cada real que você dá pela fotocópia não autorizada de um livro
financia um crime
e ajuda a matar a produção intelectual de seu país.

Sexualidade na escola

Alternativas teóricas e práticas

Julio Groppa Aquino
(organizador)

summus
editorial

SEXUALIDADE NA ESCOLA
Alternativas teóricas e práticas
Copyright© 1997 by autores
Direitos desta edição reservados por Summus Editorial

Coordenação da coleção: **Julio Groppa Aquino**
Capa: **Raghy**
Projeto gráfico de capa: **Yvoty Macambira**

Summus Editorial
Departamento editorial:
Rua Itapicuru, 613 – 7ª andar
05006-000 – São Paulo – SP
Fone: (11) 3872-3322
Fax: (11) 3872-7476
http://www.summus.com.br
e-mail: summus@summus.com.br

Atendimento ao consumidor:
Summus Editorial
Fone: (11) 3865-9890

Vendas por atacado:
Fone: (11) 3873-8638
Fax: (11) 3873-7085
e-mail: vendas@summus.com.br

Impresso no Brasil

SUMÁRIO

1 **Sexo é uma coisa natural? A contribuição da psicanálise para o debate sexualidade/escola**
Maria Cecília Cortez Christiano de Souza 11

2 **Sexualidade, isto é, intimidade: redefinindo limites e alcances para a escola**
Marlene Guirado 25

3 **A individualidade impedida: adolescência e sexualidade no espaço escolar**
Heloysa Dantas de Souza Pinto 43

4 **A sexualidade e o processo educativo: uma análise inspirada no referencial reichiano**
Paulo Albertini 53

5 **Os ETs e a gorila: um olhar sobre a sexualidade, a família e a escola**
João Alfredo Boni de Meirelles 71

6 **Os sentidos da sexualidade: natureza, cultura e educação**
Álvaro Lorencini Júnior 87

7 **Saber o sexo? Os problemas da informação sexual e o papel da escola**
Rosely Sayão 97

8 **Orientação sexual na escola: os territórios possíveis e necessários**
Yara Sayão 107

9 **Sexo e gênero: masculino e feminino na qualidade da educação escolar**
Cláudia Vianna 119

10 **O educador bilíngüe: nas fronteiras da sexualidade e da violência**
Maria Cristina Gonçalves Vicentin 131

APRESENTAÇÃO

Sexualidade e *educação*: quais os limites e chances concretas de conjugação desses dois termos, ou melhor, dessas duas instituições humanas fundamentais?

Há aqueles que, reconhecendo as especificidades do âmbito pedagógico, as concebem como um paradoxo dadas as suas naturezas tão díspares ("cada macaco no seu galho", diriam) ou, até mesmo, como uma antinomia ("é melhor calar aquilo que não se pode dizer por completo", acrescentariam), resguardando, assim, a função tradicionalmente atribuída ao ensino clássico.

Outros, preocupados com um suposto engajamento social da escola e, ao mesmo tempo, com um alargamento do âmbito pedagógico, preferem arregaçar as mangas, forjando iniciativas de interlocução da escola com o sexo, por meio de intervenções dirigidas. É daí que nascem algumas propostas, às vezes tímidas, às vezes arrojadas, de educação/orientação sexual. Mas qual o verdadeiro raio de influência delas?

De qualquer forma, identificados com este ou aquele posicionamento, é certo que a sexualidade humana figura como um dos temas mais inquietantes e, quase sempre, mais recusados no universo prático do educador. Entretanto, cada vez mais a escola tem sido convocada a enfrentar as transformações das práticas sexuais contemporâneas, principalmente na adolescência, uma vez que seus efeitos se fazem alardear no cotidiano escolar. Cabe-nos, então, indagar: como fazê-lo efetivamente, ultrapassando os limites dos conhecidos guias de orientação sexual? Enfim, qual o papel desejável da escola perante a sexualidade?

Para responder a essas questões tão atuais e, ao mesmo tempo, tão renitentes, é preciso levar em conta que, no imaginário de pais, professores e alunos, a díade educação/sexualidade é, quase invariavelmente, um ingrediente exótico de uma receita, ao final, indigesta. Em todo caso, é inegável que, juntos, sexo e escola configuram um campo de tensão, instabilidades, e, em última instância, de acentuado mal-estar. Vejamos um exemplo extremo disso: o caso da Escola Base, muito bem relatado no livro *Caso Escola Base: os abusos da imprensa*, de Alex Ribeiro (Ática, 1995).

Na semana santa de 1994, seis cidadãos comuns — as duas proprietárias da escola e seus maridos, além de um casal de pais de alunos — são acusados de abuso sexual infantil por duas mães de alunos, a partir da declaração de seus filhos em idade pré-escolar.

A justiça e a mídia, apesar da fragilidade e inconsistência (do ponto de vista legal) das provas apresentadas, não apenas as tomam como verdadeiras, mas também amplificam sensivelmente a versão das acusadoras, tornando a acusação uma espécie de bola-de-neve. O caso, então, ganha repercussão nacional e se estende formalmente até abril de 1995, quando o último dos suspeitos — o sétimo, que veio a se acrescentar no decorrer das "investigações" — é inocentado, e o inquérito arquivado por falta de provas.

O resultado do processo foi, presumivelmente, desastroso: o patrimônio da escola saqueado e destruído, a liberdade dos acusados arbitrariamente cerceada, e, pior de tudo, a mácula indelével no caráter dos envolvidos, apesar do inocentamento posterior. Também, como reporta o autor do livro-denúncia, os sedativos, a perseguição e o pânico passaram a acompanhar a vida dessas pessoas, além do desemprego, no caso das donas da escola.

Não cabe aqui avaliar a conduta da mídia, da justiça, dos psicólogos (cujos laudos corroboraram a hipótese de abuso) e dos outros especialistas envolvidos no caso mas tão-somente apontar como o simples fato de uma denúncia contemplando a equação sexo/escola foi capaz de mobilizar tanto e tantos.

Como se pode verificar no andamento, digamos, kafkiano da investigação, pelas mãos tanto da justiça quanto da imprensa, é impossível deixar de se espantar com os rumos indiscriminados que se foram delineando a partir, e a rigor, da *imaginação* sexual das crianças em questão.

Dos muitos complicadores que esse caso oferece, a nós importa destacar apenas dois: o fato de o caso ter-se desenrolado tendo como cenário principal uma escola — daí, provavelmente, toda a comoção desencadeada, uma vez que é estranho, e horrível para alguns, que a sexualidade se presentifique no interior de outras instituições que não a família (ou melhor, o quarto do casal), quanto mais nos arredores de um ambiente tão supostamente "neutro" como o de uma escola.

O segundo complicador reside na própria apreensão de sexualidade aí embutida. Ou seja, sua irrupção "clandestina" se converteria em desmesura, devassidão e violência. Uma vez fora de seu contexto "natural", a sexualidade seria sempre associada a algo assustador, hediondo até.

Vale ressaltar, no entanto, que, mesmo comumente pensada como um exercício exterior aos muros escolares, a sexualidade insiste em mostrar seus efeitos, deixar seus vestígios no *corpo* da instituição. Seria mais legítimo dizer que ela se inscreve, literalmente às vezes, na estrutura das práticas escolares. Exemplo disso? As pichações nos banheiros, nas carteiras, os bilhetes trocados, as mensagens insinuantes. O que dizer, então, dos olhares à procura de decotes arrojados, braguilhas abertas, pernas descobertas? E aquele(a) professor(a), ou colega de sala, para sempre lembrado(a) como objeto de uma paixão juvenil?

A partir dessas tantas evidências, o que se coloca em questão não é tanto a premência da dimensão sexual nas práticas escolares, dada a sua irredutibilidade, mas o grau de eficácia de um empreendimento a ela dirigido, ou, em outras palavras, os limites e possibilidades de uma intervenção no terreno da sexualidade presente na escola.

Claro está que a distinção entre o público e o privado deve presidir o debate e a elaboração de qualquer projeto em torno da temática sexual, pois entre a sexualidade *stricto sensu* e a escola se interpõe a *intimidade* daqueles nela envolvidos (alunos, professores, orientadores etc.). Nesse sentido, talvez seja útil pensá-la, a intimidade, até mesmo como um dos instrumentos, se não o único, de grande valia para o trabalho.

Outra questão que se faz presente aqui se refere ao fato de que o debate implica, mesmo que a contragosto, o duplo dimensionamento do *prazer* e dos *cuidados necessários* no que tange ao sexo, principalmente quando o que está em jogo é a juventude: vidas em expansão crescente. Temas como as doenças sexualmente transmissíveis, a AIDS, a gravidez indesejada, o aborto etc. são inevitáveis, embora devam, preferencialmente, ser circunstanciados no interior do *complexo afetivo* que a sexualidade humana supõe.

Vê-se, portanto, que, para melhor situar o escopo da sexualidade na escola, é importante, antes de mais nada, contextualizar as diferentes dimensões que a constituem: biológica, psicológica, histórica, cultural etc., Essa é uma das tarefas deste livro, que se propõe a desdobrar o tema de diversas maneiras, por teóricos de diferentes áreas e orientações. O resultado, contudo, não atinge uma linearidade, posto que a discussão acumulada nos diferentes campos não permite sequer uma regularidade conceitual, quanto mais uma unidade de posicionamentos. Há, entretanto, vários pontos em comum, e talvez o mais evidente seja o do deslocamento da abordagem "biologizante" da sexualidade humana para uma abordagem pluralista, em busca de uma interdisciplinaridade possível. Este, como se poderá verificar, é o resultado mais visível deste livro como totalidade.

Trata-se, assim, de um conjunto de reflexões fundamentais sobre as múltiplas possibilidades de manejo teórico e prático das manifestações da sexualidade no cotidiano escolar, desde a psicanálise até a análise histórica ou biológica, por exemplo. E essa pluralidade de leituras marca o diferencial desta publicação em relação às outras existentes na área, acrescentando densidade conceitual à compreensão e atuação sobre um dos problemas mais sensíveis da escolarização contemporânea.

O organizador

Sexo é uma coisa natural?
A contribuição da psicanálise para o debate sexualidade/escola

Maria Cecília Cortez Christiano de Souza*

A psicanálise fez da sexualidade um conceito fundamental dentro de sua teoria, e assim, inevitavelmente, os educadores crêem que os psicanalistas tenham algo a dizer quando se fala sobre sexualidade e escola. Se não for por aí, para que serviria a psicanálise para educadores? Quando se sabe algo sobre a teoria psicanalítica, o que fazer, na escola, com um conceito tão inefável quanto o de inconsciente, senão admitir sua existência nas relações educativas, e depois seguir em frente?

Essa análise apressada é a da maioria, não só de educadores, mas também de psicólogos, ao pensar as relações entre psicanálise e educação. A psicanálise é, assim, quase desconhecida pelos educadores. Se é muitas vezes forçosa sua inclusão num curso de formação de professores, porque constitui uma referência forte para entender o pensamento contemporâneo, sua utilidade prática e seu valor analítico, quando se trata de pensar os problemas da sala de aula, freqüentemente são colocados em dúvida, e as referências a ela vêm matizadas de ceticismo.

Isso talvez porque em nenhum outro campo quanto o da educação, a psicanálise tenha sido vítima da ideologia que acompanha sua divulgação. Dentro do pouco espaço curricular reservado ao seu estudo, o professor se vê diante do impasse de decidir entre referências bibliográficas que muitas vezes reduzem a psicanálise a uma caricatura de psicologia do desenvolvimento, possibilitando ao educador encontrar, ao lado da trilha cognitiva dos estágios piagetianos que se sucedem, numa matemática e clara continuidade, o tortuoso, obscuro e complicado desenvolvimento balizado pelas zonas erógenas: fase oral, fase anal, fase fálica e genital.

Os autores psicanalistas, sempre temerosos de uma desastrada intervenção pedagógica em tal assunto, falam um pouco das características de

---

* Mestre e doutora em História e Filosofia da Educação pela Faculdade de Educação da USP, onde é professora de graduação e pós-graduação. Tem publicado artigos e capítulos sobre Psicologia e História da Educação em revistas e livros especializados.

cada fase, tratando logo de advertir o educador de que uma intervenção nesse campo é tardia demais, ou impossível; indesejável em qualquer caso.

O que tem a psicanálise a dizer sobre sexo?

Uma boa estratégia de resposta será primeiro tentar compreender o conceito de sexualidade para a psicanálise através de Freud, e então refletir um pouco sobre algumas contribuições dessa compreensão para a educação.

A principal obra de Freud a respeito da sexualidade é um pequeno livro, escrito em 1905, intitulado *Três ensaios sobre a teoria da sexualidade*. Sucessivas mudanças, notas e emendas aditadas por Freud em diferentes edições do texto, ao longo de sua vida, não alteraram a elegância e a unidade da composição original. O plano do livro é claro: no primeiro ensaio, Freud desestrutura e desmistifica as concepções clássicas a respeito do instinto sexual; no segundo, redefine o conceito mediante o exame de sua gênese na infância; e no terceiro, busca resolver questões derivadas de sua própria concepção.

Logo num dos primeiros parágrafos, Freud resume, de forma admiravelmente concisa, o conceito clássico de sexualidade, contra o qual alinhará, daí para a frente, seus argumentos críticos:

"A opinião popular tem idéias muito precisas a respeito da natureza e das características do instinto sexual. A concepção geral é que está ausente na infância, que se manifesta por ocasião da puberdade em relação ao processo de chegada da maturidade, e se revela nas manifestações de uma atração irresistível exercida por um sexo sobre o outro; quanto ao seu objetivo, presume-se que seja a união sexual, ou pelo menos atos que conduzam nessa direção." (1977a, p.135)

Os especialistas consideram hoje que, sob a capa do eufemismo "opinião popular", Freud na realidade se dirigia às noções que a medicina e a biologia, desde o século XVIII, haviam estabelecido a respeito do instinto sexual humano. E a obra de Freud, a esse respeito, pode ser vista como uma crítica radical, ao que a opinião médica do século XVIII e, pensando bem, a opinião corrente até hoje pensam a respeito do assunto sexual.

Para entender melhor essa idéia, teremos de fazer um recuo histórico.

A *ars erotica* e a *scientia sexualis*

No primeiro volume da *História da sexualidade*, Foucault propõe a existência de duas formas básicas de apropriação do saber sexual: a *scientia sexualis* e a *ars erotica*.

Por *ars erotica* entende um conjunto de técnicas, um saber prático, ao mesmo tempo espiritual e físico, que freqüentemente teve forma literária ou poética, dirigido ao prazer sexual associado ao reconhecimento de suas diversas intensidades, durações, qualidades e reflexos no corpo e no espírito. A *ars erotica* não delimita esse prazer dentro dos contornos do permitido e do proibido, não procura legitimá-lo por qualquer utilidade alheia a ele mesmo; procura elaborá-lo como se investigasse a partir de seu interior. Supõe um processo de iniciação e um mestre que detenha os segredos de sua arte e que possa transmiti-lo de modo exotérico ao discípulo, segundo degraus diversos de desvelamento.

A *ars erotica* confunde-se com o sagrado em muitas culturas. Já em outras, liga-se a formas que envolvem a busca de maior prazer, associadas a experiências de transfiguração mística: são ritos normalmente secretos, pois a crença tradicional é a de que sua divulgação profana destruiria a sua virtude. Há inúmeros exemplos históricos de culturas e religiões que a detiveram, tais como a sociedade muçulmana antiga, o hinduísmo védico, o taoísmo chinês, a Grécia e Roma clássicas. Conforme opinião bastante disseminada, teria desaparecido do Ocidente cristão. Alguns autores, no entanto, apontam sua sobrevivência numa vertente cuja origem estaria na *De arte amandi* de Ovídio, e que passaria pela poesia trovadoresca provençal, pelo ideal de amor cortês, pela arte do *donnoi*. Detectam sua marca também na obra poética de Petrarca, na poesia lírica de Dante e nas produções dos poetas da corrente dos *Fideli d'Amore*.

Por *scientia sexualis* Foucault entende uma forma de saber desenvolvida a partir do século XVIII, graças à nascente fisiologia da reprodução e ao saber médico. Significa uma progressiva apropriação da sexualidade e de sua normatividade pelo discurso científico. O século XVIII seria, então, um ponto nodal para a compreensão da história da teoria científica relativa ao sexo. É bem verdade que Foucault não crê ter ela aí sua origem, mas antes a indicação de uma mudança qualitativa e quantitativa.

Dentro do prisma de Foucault, voltemos os olhos para o processo de transformação quantitativa e qualitativa que assinalou. Tudo se passava como se a medicina, como guardiã de uma seriedade e circunspecção científica, preferisse deixar o assunto sexual a cargo do folclore popular e dos confessores. Não havia até então se criado a distância que dissociaria o saber médico do saber do homem comum nesse domínio. A sexualidade no âmbito da medicina só emergia quando a saúde ou a disfunção orgânica entrava em jogo; o comportamento sexual propriamente dito estava longe de constituir nela um tema de preocupação. Mesmo quanto a seus aspectos orgânicos, desde o século IX, Avicena obrigava-se a advertir: "... não é indigno para o médico ocupar-se de assuntos venéreos". É prova disso que a liberdade dos costumes do século XVI, tão bem conhecida por intermédio da literatura, não tenha repercutido na análise médica erudita.[1]

---

1. Aos estudiosos daquele tempo, uma informação mais sistemática sobre a sexualidade humana teria provavelmente de ser buscada na medicina clássica de Hipócrates e Galeno, na literatura de Juvenal e Marcial, e, principalmente, no tratado de Aristóteles sobre os animais.

Duzentos anos depois prolifera, em contraste, a literatura médica relativa ao sexo. As razões dessa proliferação e, principalmente, da mudança de tom que passa a assumir nesse novo instante são problemas difíceis de discernir.

De acordo com Foucault, a causa dessa metamorfose tem relações possíveis com a laicização progressiva da vida e com a separação entre a Igreja e o Estado, quando a regulamentação da conduta sexual fugiu da exclusividade dos cânones jurídicos e religiosos. O sexo torna-se, então, assunto do Estado, preocupado com o controle demográfico e suas implicações econômicas.

Principalmente, o sexo transforma-se em assunto pedagógico à época da criação dos primeiros liceus. É marcante esse transporte do domínio médico para o pedagógico, quando o objetivo da virtude se alia à exigência da normalidade. Já não é mais a salvação da alma da criança o que está em jogo, nem mais o sexo uma questão de consciência. O que se coloca em pauta, de ora em diante, são o corpo e a mente, a vida e a morte, a doença e a saúde, o normal e o patológico; não apenas na existência pessoal do indivíduo, mas igualmente suas repercussões sobre a sociedade e sobre a descendência.

Foucault demonstra que, sob a capa da repressão e silêncio sobre a sexualidade, a escola passou a falar incessantemente do sexo: na vigilância constante da criança, no confinamento da infância nas escolas, na separação entre os sexos, na arquitetura escolar, no combate sem tréguas à masturbação.

Examinemos mais de perto os fundamentos desse discurso médico que tanto repercutiu sobre a escola. A medicina do século XVIII, ao buscar caução científica da biologia, deslocou o plano de análise da sexualidade humana, examinando-a ao lado da sexualidade animal, considerando-a assim, sem maiores obstáculos, como fenômeno natural. Ora, o sexo, como fenômeno da natureza, tem função evidente, qual seja, a propagação da espécie. Logo, o exercício da sexualidade passou a ser vinculado à função reprodutora.

É importante observar aqui que a medicina, ao postular uma coincidência entre a sexualidade e a reprodução, forçou o distanciamento entre a sexualidade e a subjetividade. A sexualidade mostrava-se alheia ao interesse do indivíduo, já que foi proposta pela medicina como interesse da espécie. Trata-se, assim, de uma lei a que o indivíduo se submete na qualidade de meio, que é estranha a sua vontade. Não possui, nesse sentido, reflexos no plano da espiritualidade. Entendida como fenômeno ligado ao funcionamento orgânico do aparelho reprodutor, a sexualidade deve se submeter às leis do corpo; o discurso ético, estético e o plano de relacionamento humano que a sexualidade envolve, não têm aí mais lugar.

Isso posto, voltemos a examinar as afirmações da medicina e da biologia clássicas. Para que a espécie possa continuar, é preciso que a natureza assegure a presença, de forma relativamente estável em cada indivíduo, de um instinto sexual, na forma de um comportamento relativamente isolado, padronizado e transmitido hereditariamente. A ausência do instinto ou a presença de sua manifestação, numa modalidade que não visasse à reprodução, colocaria em perigo a espécie. Esses desvios foram então considerados antinaturais, como uma doença ou aberração da natureza. Começando uma longa tradição na história ocidental, iniciou-se a partir daí um discurso científico e médico que prescrevia sobre a sexualidade humana, ditando a normalidade, apontando seus desvios e denunciando sinais de anormalidade.

Pois, ao afirmar a positividade do sexo que visava à reprodução, a biologia e a medicina criaram automaticamente um campo negativo. Assim, uma série de obras foi escrita a respeito das anomalias sexuais, que podem ser facilmente deduzidas. Se a sexualidade tivesse por objetivo a reprodução, seria normal sua manifestação enquanto o aparelho reprodutivo estivesse funcionando. Logo, ela deveria se manifestar apenas na puberdade e durar até o término da atividade reprodutiva. Logicamente, seriam anormais a sexualidade infantil e a manifestação da sexualidade na velhice. Para haver reprodução, é necessária também a união dos dois sexos. Logo, seria anormal a atração de um indivíduo por outro do mesmo sexo (o homossexualismo) ou o exercício da sexualidade solitária (a masturbação). Para a reprodução, finalmente, é necessário o contato dos genitais no ato sexual. Logo, seriam aberrantes todas as manifestações da sexualidade que não estivessem restritas a esse ato, ou que manifestassem uma forma de prazer que não estivesse confinada aos órgãos genitais.

Até a época de Freud, essas normas se mantêm nos tratados de sexologia do século XIX, que ora apontam para os perigos da supressão da sexualidade nas doenças nervosas, ora investem contra seus excessos nas civilizações urbanas. Indicam os perigos das práticas anticoncepcionais — os "segredos funestos". Chamam a atenção da escola, principalmente, para sua irrupção precoce na infância e, depois, para os males da masturbação — o "vício da juventude" —, fazendo da sexualidade uma norma difícil de ser discernida na vida cotidiana e, da escola, um campo de batalha contra a sexualidade infantil e do adolescente.

A crítica freudiana à concepção biológica da sexualidade humana

O primeiro dos *Três ensaios* de Freud é dedicado ao desmonte desse dispositivo conceitual. Em primeiro lugar, Freud questiona a tese da universalidade e da invariabilidade fundamental da manifestação do instinto, bem como a fragilidade e inconsistência dos critérios que serviam de base para distinguir a normalidade da anormalidade, mostrando que eles eram ora de ordem biológica, ora de ordem estatística, ora de natureza moral e social.

Começa por considerar os desvios do instinto sexual em relação ao seu objeto, centrando-se na análise do homossexualismo. Freud demonstra que se, analiticamente, é possível definir o que seja homossexualismo e associar essa classificação a um desvio, é mais difícil detectá-lo na prática e fazê-lo corresponder a uma forma patológica de manifestação instintiva.[2] Depois, Freud trata de desligar o homossexualismo de uma base orgânica, para demonstrar, então, que não é um comportamento hereditário, nem sinal de degenerescência da espécie.

A conclusão mais importante que Freud retira de sua análise do homossexualismo é o fato de que, não havendo base para supô-lo como uma anomalia da sexualidade, a relação da pulsão sexual com seu objeto (já adotando aqui o termo freudiano de pulsão[3]) é meramente contingente, acidental, não necessária. O objeto encontra-se "colado" à pulsão em razão de sua história, não de uma inscrição biológica, diz ele.

Da mesma forma, nas suas críticas ao conceito de perversão (atividades sexuais que não envolvem a zona genital), Freud mostra claramente que essa demarcação entre o normal e o patológico se tornava ainda mais difícil, porque formas de perversão estão presentes nos atos sexuais considerados normais, tais como: a excitação de outras partes do corpo que não a zona genital, a presença de atos diferentes do contato entre genitais (o olhar e ser olhado, a permuta de dor). Torna-se assim problemático, nos termos da medicina clássica, traçar os limites entre a normalidade e a patologia. Mais ainda, se nos atos sexuais considerados "normais" há essas formas "benignas" de perversão, nenhuma delas é comum a todos os atos sexuais. Cada uma delas, então, segundo Freud, pode ser colocada como um componente ou uma unidade da pulsão, e a pulsão "normal" constitui um amálgama que assume, em cada indivíduo, uma totalidade particular.

Estendendo a atividade da pulsão sexual a outras partes do corpo e percebendo sua presença nas atividades adultas normais, Freud considerou a possibilidade de identificar cada uma delas a remanescentes arcaicos da sexualidade infantil.

A atividade de mamar do bebê constitui o exemplo freudiano clássico a respeito da gênese da sexualidade. O reflexo de sucção, biologicamente

---

2. Ao contrário do que seria esperado numa doença hereditária, Freud mostra que entre os homossexuais estão abrigados indivíduos que variam largamente quanto ao grau e à qualidade da manifestação do desvio. Segundo Freud, há homossexuais que manifestam exclusivamente esse tipo de atração e outros em que esse tipo de atração não é exclusiva. Ao longo da vida individual, há indivíduos que são homossexuais desde a infância, outros que se tornam depois da puberdade, outros depois da maturidade, outros em que a atração homossexual foi um episódio isolado, e outros que foram pressionados a se tornar homossexuais.

3. "Processo dinâmico que consiste numa pressão ou força (carga energética, fator de motricidade) que faz tender o organismo para um alvo. Segundo Freud, uma pulsão tem a sua fonte numa excitação corporal (estado de tensão); o seu alvo é suprimir o estado de tensão que reina na fonte pulsional; é no objeto ou graças a ele que a pulsão pode atingir seu alvo."(Laplanche e Pontalis, 1977, p.506.)

herdado, tem uma finalidade intrínseca, qual seja, a satisfação da fome. Aliado ao prazer consecutivo dessa satisfação, porém, um prazer paralelo se desenvolve: o prazer sexual. Este se junta à atividade de sucção e a transforma, igualmente, numa atividade sexual. O prazer sexual nasce de uma excitação da boca pelo contato com o seio materno e com o fluxo do leite. Breve, essa atividade e esse prazer marginal serão buscados por si mesmos, por intermédio da sucção do polegar. Chupar o dedo é, pois, algo procurado como satisfação independente e prazer específico, já apartado da sensação de fome, por sua vez provocado por um prurido local dos lábios, então transformado numa zona erógena, que leva a um impulso (pulsão) de estimular-se: "como se os lábios quisessem beijar a si mesmos".

A edição de 1915 dos *Três ensaios* exibe maior ênfase na afirmação de que a sexualidade nasce paralelamente a uma atividade vital, como se fosse um benefício de prazer marginal obtido graças a essa mesma satisfação. A sexualidade nasce, portanto, apoiada numa função biológica, e a característica de apoio ou anaclítica fornece a pista para a elucidação da noção fundamental de sexualidade para a psicanálise.

Pois, se não admitirmos, como Freud faz supor, qualquer distinção qualitativa entre o impulso da fome e o impulso sexual, a única especificidade da sexualidade é ser uma atividade que se prolonga para além da necessidade vital. Compreendida dessa forma, é possível ver que a sexualidade se manifesta num movimento de desvio, de desnaturalização do instinto, tanto tomando a fome por referência quanto tomando a definição clássica do instinto que exige objeto externo. A perversão infantil — a conhecida definição de Freud da criança como "perverso polimorfo" — não é entendida por ele como fuga ou desvio de qualquer norma social ou moral, ou transgressão de uma norma biológica que tem como referência a acepção clássica do instinto. A desnaturalização constitui a própria sexualidade.

Às superfícies do corpo encarregadas de uma função vital, das quais surge a sexualidade como produto marginal, Freud fará corresponder uma zona erógena. Se Freud admite que existem partes do corpo privilegiadas como origem e instalação da sexualidade — as clássicas zonas oral, anal, fálica e genital —, também admite que elas não são de nenhum modo exclusivas.

Freud chama a atenção para certos comportamentos que, não sendo originariamente sexuais, se agregam à sexualidade sob forma do que ele denomina "pulsões componentes". Essas pulsões se disporiam aos pares, como uma tendência passiva e outra ativa: olhar e ser olhado, tocar e ser tocado, dominar e ser dominado.

Além das funções vitais e dessas pulsões componentes, Freud preocupa-se em enumerar outras fontes de atividades, não ligadas diretamente a funções vitais, que fazem brotar a sexualidade. Aponta as excitações externas de qualquer parte do corpo por via mecânica, a atividade muscular, emoções particularmente intensas e o próprio trabalho intelectual. Quando essas atividades excedem a necessidade, ao se tornarem procuradas por si mesmas, fazem "brotar" a sexualidade como produto marginal. Freud leva ao limite essa idéia ao propor, finalmente, que "... bem pode acontecer que nada de considerável importância ocorra no organismo sem contribuir para a excitação da pulsão sexual". (1977a, p.211)

É, pois, nesse sentido, que se deve compreender o pansexualismo freudiano. Nos *Três ensaios*, a sexualidade é algo que tudo invade, algo que preenche uma função quando a função ultrapassa a simples necessidade, algo que adere a tudo que é intenso, a tudo, enfim, que se configura como "excesso".

Há, ainda, uma outra característica apontada por Freud na sexualidade infantil. Cada zona erógena assim constituída, com sua pulsão correspondente, cada uma das "pulsões componentes", cada uma dessas atividades que, se intensas, se tornam sexualizadas, comporta-se como independente uma da outra. O que ele chama de "pulsões parciais" atua na infância como "ilhas de prazer"[4]. Freud associa, principalmente nas primeiras edições dos *Três ensaios*, a perversão polimorfa da criança à anarquia pulsional.

Nesse momento, Freud estava mais preocupado em mostrar como essa anarquia pulsional ligada à infância poderia ter um desfecho que, na maioria estatística da população adulta, é heterossexual e genital. Procura assim distinguir e teorizar sobre as diversas fases do desenvolvimento, fazendo cada uma delas corresponder a uma organização dominada por uma zona erógena, por sua vez apoiada numa função vital, até finalizar na organização genital adulta.

Contudo, nas últimas revisões que fez dos *Três ensaios*, vemos pouco a pouco o "objeto", exatamente o elemento da pulsão mais contingente, ganhar especial importância na teoria sexual, na organização da sexualidade e, de forma mais ampla, na estruturação do próprio psiquismo. Com isso, Freud abandona o pólo da biologia para aproximar-se de uma percepção cada vez mais psíquica da sexualidade.[5]

Assim, assinala num parágrafo:

"Numa época em que o início da satisfação sexual ainda está vinculado à ingestão de alimentos, a pulsão sexual tem um objeto fora do corpo, próprio da criança, sob a forma do seio da mãe. Somente mais tarde a pulsão perde esse objeto, bem na época, talvez, em que a criança pode formar uma

---

4. Ao comparar a sexualidade adulta com a infantil, Freud assinala que na infância a sexualidade não tem por objetivo uma excitação maior, em direção ao ápice do orgasmo, como nos adultos, mas é uma fruição. Se usássemos a gíria popular, poderíamos dizer que é mais uma "curtição" do que uma "fissura".

5. Acompanhar o deslocamento da teoria freudiana nessa direção excederia aos propósitos do presente artigo. Limitar-nos-emos, aqui, a seguir as indicações das sucessivas edições dos *Três ensaios*.

idéia total da pessoa a quem pertence este órgão que lhe está dando satisfa-ção... Há, portanto, bons motivos para que uma criança que suga o seio ma-terno tenha tornado o protótipo de toda a relação de amor. O encontro do objeto é, na verdade, um reencontro dele." (1977a, pp.228-229)

Contrariando sua primeira idéia de que a sexualidade infantil era auto-erótica, como ilustra o exemplo da sucção do polegar, Freud mostra que o auto-erotismo é secundário a uma escolha de objeto, cuja relação com este terá, para a criança, um caráter prototípico e exemplar.[6]

A experiência de satisfação por intermédio de outra pessoa implica, no surgimento da próxima necessidade, uma reativação dos movimentos cinestésicos que conduziram à satisfação (movimentos de sucção) e da imagem do objeto, até a alucinação, que levou à satisfação (o seio materno). Mesmo quando o ego atua no sentido de impedir que esse traço dei-xado na memória seja reativado até a alucinação, sempre persistirá, no plano do inconsciente, a associação entre o prazer e o objeto que levou à satisfação primeira.

Assim, nos termos do *Projeto* de Freud, "... a imagem mnêmica de uma certa percepção se conserva associada ao traço deixado na memória da excitação resultante da necessidade. Logo que esta necessidade apare-ce de novo, produzir-se-á, graças à ligação que foi estabelecida, uma mo-ção psíquica que procurará reinvestir a imagem mnêmica desta percepção e mesmo invocar esta percepção, isto é, restabelecer a situação da primeira satisfação: esta moção é que chamaremos desejo". (1977b, p.424)

O que Freud quis dizer com isso é que a satisfação da primeira pulsão por intermédio de uma pessoa, a mãe, e a interdição cultural de tê-la como objeto da pulsão, significam a transformação da necessidade em desejo sexual. Daí por diante, necessidade e desejo jamais coincidirão. O objeto, na realidade, transforma a pulsão sexual em seu objetivo, como um fantas-ma que o perseguisse para sempre. Em outras palavras, conduz a pulsão não só a procurar o prazer específico, como igualmente procurar reprodu-zir, debalde, a situação da satisfação primeira.

A interdição do incesto é uma lei da cultura e não da biologia. Se a reprodução exige uma escolha de objeto heterossexual, a cultura irá exigir a interdição do primeiro objeto da pulsão. Esta regra cultural promove verdadeira mudança de nível da sexualidade, conjugando indelevelmente sexualidade e lei.

O fantasma dessa primeira relação e a impossibilidade do retorno, devido à interdição edípica, percorrerão todos os avatares da sexualidade humana. Freud apóia-se nessa idéia para dizer que o ser humano está fada-do a perseguir o impossível, a restabelecer uma relação irremediavelmen-

---

6. Freud retoma aqui uma antiga idéia sua, esboçada no *Projeto para uma psicologia cien-tífica*, em que mostra que o longo e extremo desamparo do recém-nascido humano e sua incapacidade de obter satisfação de suas necessidades pelos seus próprios meios levam-no a uma dependência crucial de um outro ser humano.

te perdida, sentida como anseio de amor insaciável, que nenhuma relação amorosa jamais poderá preencher.[7]

A escola, entre a biologia e a cultura

A partir daí, quais comentários se podem fazer a respeito do conhecimento da sexualidade humana por meio da psicanálise e sua relação com a escola?

Em primeiro lugar, a escola está certamente filiada a uma tradição iluminista que se fundamenta na idéia de que o conhecimento científico tem um potencial libertador. No que tange à sexualidade, a escola não é herdeira da *ars erotica*, mas da *scientia sexualis*. A psicanálise foi, em parte, responsável pelo fato de se levantar, na escola, o tabu sobre o sexo e de se dar à criança informações sobre a sexualidade, pela afirmação de que a criança tem direito à verdade. Entretanto, a informação sobre o sexo destinada à criança, por meio dos manuais de educação sexual, se apóia na fisiologia do aparelho genital, de forma tal que qualquer criança percebe que um livro educativo explica tudo, menos (felizmente) o prazer (ou a angústia) do exercício da sexualidade.

Apesar da aparente facilidade com que as idéias de Freud parecem ser atualmente aceitas, os meios de comunicação que tratam pedagogicamente da sexualidade, sobretudo nesses tempos da AIDS, analisam o sexo como coisa biológica — só que, curiosamente, já não mais ligado à reprodução (esta é vista como acidente de percurso), mas à totalitária, paradoxal e angustiante obrigação de saúde e prazer.[8]

Esses tratados e artigos não têm nada a ver com a psicanálise. A psicanálise parte da premissa de que há uma contradição, no comportamento humano, entre a sexualidade e o saber de seu objeto. A psicanálise não é, assim, uma sexologia. Ela se situa nos limites da sexologia, porque o que ela se ocupa do sexo é aquilo que, de dentro ou de fora da própria vida

---

7. A centralidade de Freud na sexualidade está apoiada no fato de que, curiosamente, aquilo que no ser humano mais parece se aproximar da animalidade é aquilo no qual a cultura parece estar mais radicalmente inscrita. Mesmo ao se submeter à cultura, que determina na maior parte dos casos o destino heterossexual e genital da sexualidade, existe uma ampla gama de variações, peculiaridades pessoais e culturais, pequenas e grandes idiossincrasias na sexualidade humana: a sexualidade escapa, extravasa, por assim dizer, da genitalidade. E que o instinto humano, se pudermos chamar assim, é extremamente lábil, elástico, variado. Ao mesmo tempo, observa Freud, a sexualidade tem um caráter modelar, isto é, a relação sexual constitui a metáfora das relações que uma pessoa estabelece consigo mesma, com os outros e com a vida. Como disse belamente Marx: "aquele que duvida de seu amor provavelmente duvida de tudo o mais em sua vida".

8. Já os livros sobre sexualidade adulta são, em geral, uma mistura de manual de fisiologia do aparelho reprodutor, algumas recomendações médicas sobre como evitar AIDS e, muitas vezes, uma espécie de ginástica para atingir o orgasmo. Dão a impressão de que sexo é algo natural para todos, de que só os neuróticos têm problemas e de que a ciência tem a solução.

pessoal, não é suficiente para dominar, para domesticar: é aquilo que é avesso ao conhecimento. Exatamente o efeito, tão conhecido pela educação, do que, nas relações humanas, resulta diferente de nossas intenções.

O segundo comentário diz respeito à influência da psicanálise na discussão sobre a relação entre a educação e a repressão sexual da criança. Num primeiro momento, sobretudo na década de 60, uma série de livros e publicações de inspiração psicanalítica diziam que a repressão devia ser combatida. Denunciavam não só os castigos, as humilhações, que estavam relacionados à manifestação da sexualidade na escola, mas também a violência contida na educação quando ela procura proibir alguma coisa à criança, antes que ela possa entender o porquê. Isso ia de tolerar diferentes manifestações da sexualidade infantil, como erotizar, de certa forma, a relação professor-aluno. Insistiam sobre a importância do vínculo afetivo que se estabelece (a obrigação de amar o aluno), do oportunismo de atender ao interesse da criança, do dever de ensinar e, ao mesmo tempo, acolher e compreender suas manifestações afetivas.

O combate à repressão sexual infantil se estendeu a qualquer tipo de repressão. Psicanalistas como Anna Freud mostravam que o castigo dos maus hábitos das crianças — como a masturbação, o exibicionismo, a voracidade, a agressividade, o erro — era uma maneira de matar pardais com canhões. Os estragos eram maiores do que os ganhos. Por meio de um uso abusivo da psicanálise, posto que preditivo, diziam que a repressão escolar tornava a criança tímida, inibida, recalcitrante quanto à escola, incapaz de se defender e de aprender autonomamente. Acreditava-se ingenuamente que abdicar da repressão era criar as bases da felicidade.

Ao apregoar a felicidade como objetivo, por meio da crítica à escola no que tinha de repressiva, essa literatura pedagógica de inspiração psicanalítica da década de 60 contrariava frontalmente o que Freud pensava a respeito.

"Tem-se das crianças civilizadas a impressão de que a construção dessas barreiras (contra a sexualidade infantil) é um produto da educação e, sem dúvida, a educação muito tem a ver com elas." (1977a, p.181)

"Pois a sociedade deve assumir como uma das suas mais importantes tarefas educativas dosar e restringir a pulsão sexual... e sujeitá-la a uma vontade individual que é idêntica à ordem da sociedade." (1977c, p.364)

"Esta interdição é comandada pela sociedade, obrigada a impedir que a família absorva todas as forças de que ela deve se servir para formar as organizações sociais de caráter mais elevado." (1977c, p.232)

O confronto entre educação e sexualidade tem uma longa tradição no pensamento de Freud e transcende em muito o que foi citado acima. Textos não faltam em que Freud chama a atenção para uma norma sexual que não leva em conta a individualidade e a idiossincrasia de cada um de seus membros, o que torna a moral sexual civilizada uma das principais responsáveis pela neurose. Mas, se aponta os exageros dessa moral e lamenta suas vítimas, não espera que a educação possa ser outra coisa que a repressão sem tréguas ao preenchimento do desejo humano, porque a civilização supõe essa repressão para constituir-se, para estabelecer vínculos cada vez mais amplos entre os homens, para a criação das produções mais altas da cultura. Na falta dessa repressão, não se criaria o paraíso perdido do bom selvagem de Rousseau, mas a barbárie, a guerra hobbesiana de todos contra todos. Freud jamais levantou a bandeira de uma permissividade educacional. Não foi pusilânime nem cínico; coerente com suas concepções, justificou a necessidade da repressão.

Vendo nisso um resquício vitoriano na teoria de Freud, o pensamento libertário da década de 60 assumiu que o amor e a sexualidade eram necessariamente positivos, e a repressão, liminarmente destruidora e negativa. Esqueceu-se de que há formas destrutivas de amor e que, algumas vezes, a repressão pode ser constitutiva.

Anos depois, os psicanalistas começaram a criticar pais e os professores pela falta de limites dados às crianças. As crianças estavam se tornando egoístas, mimadas, e essa falta de limites era o maior responsável, depois, por uma futura fragilização psíquica, tornando irresistível o apelo das drogas ou fazendo jovens sucumbirem à frustração — às frustrações que a vida oferece e àquelas relativas ao fato de não poderem consumir tudo o que a publicidade veicula. A ausência de limites também seria responsável pela falta de ética e de respeito mútuos, e, simultaneamente, pela falta de respeito por si no que diz respeito ao exercício da sexualidade. É como se todos esses discursos tivessem tirado da escola uma coisa que a escola tradicional possuía, com todos os crimes que cometeu em nome da repressão: a convicção de que o que fazia tinha um significado profundamente enraizado na cultura. Hoje, talvez seja impossível recuperar essa certeza.

Freud dizia que qualquer coisa que se faça, quando se é educador, estará errada. Pois se a escola acolhe demandas sociais múltiplas, contraditórias ou impossíveis, forçosamente fracassará. Se a sociedade estabelece que a educação é onipotente, condena liminarmente os professores à impotência e justifica sua irresponsabilidade. Os professores não são capazes de produzir futuros adultos felizes na sua vida amorosa; são capazes, no entanto, de ensinar alguns conteúdos, dentro da tradição cultural em que a escola está enraizada.

Se a tradição da cultura escolar é iluminista, ela não é, porém, necessariamente caudatária de um mito ou de uma banalidade científica. A percepção da sexualidade saudável que é oferecida às crianças e jovens, dentro e fora da escola, é restritiva, banalizadora e totalitária. A própria tradição escolar, pelo fato de estar ligada a uma tradição cultural que além de científica é também literária, poética e filosófica, pode encontrar o veio pelo qual, no Ocidente, se encontram outras percepções acerca da sexualidade. Talvez possa colocar os alunos diante da cultura que soube, um dia, o que era a difícil arte de amar.

Bibliografia

CONFORT, A. (1977) *Los médicos fabricantes de angustia.* Barcelona: Guernica.

DAUMESON, G. (1978). El encuentro de la perversión por el psiquiatra. In: CASTORIADIS, C.; AULAGNIER, P. *et al. La perversión.* Buenos Aires, Trieb.

EVOLA, J. (1968) *Metaphisique du sexe.* Paris: Payot.

FREUD, S. (1977a) *Três ensaios sobre a teoria da sexualidade.* In: Edição *Standard* das Obras Completas de Sigmund Freud (v. VII). Rio de Janeiro: Imago.

————(1977b) *Projeto para uma psicologia científica.* In: Edição *Standard* das Obras Completas de Sigmund Freud (v. I). Rio de Janeiro: Imago.

———— (1977c) *Conferências introdutórias sobre psicanálise.* In: Edição Standard das Obras Completas de Sigmund Freud (v. XVI). Rio de Janeiro: Imago.

FOUCAULT, M. (1976) *Histoire de la sexualité:* la volonté de savoir (v. I.). Paris: Gallimard.

LAPLANCHE, J. e PONTALIS, J.-B. (1977) *Vocabulário de psicanálise.* Lisboa: Moraes.

SOUSA, M.C.C.C. (1981). "Adolescência como ponto de fuga: o conceito de puberdade na obra de Freud". São Paulo, Faculdade de Educação da USP (Dissertação de Mestrado).

VAN USSEL, J. (1972) *Histoire de la repression sexuelle.* Paris: Robert Lafont.

WOLHEIM, R. (1974) *As idéias de Freud.* São Paulo: Cultrix.

Sexualidade, isto é, intimidade:
redefinindo limites e alcances para a escola

Marlene Guirado*

A sexualidade é como um fantasma que ronda as cercanias e os interiores da escola e da sala de aula. Não é o único, sabemos disso. Mas é, sem dúvida, um daqueles que, quanto mais se busca erradicar, mais assombra a cada esquina. E isso, há séculos, ao que indica a história.

A violência, as drogas, a bebida vêm mostrando seu traçado e incomodando há menos tempo, mas com força e colorido muito semelhantes. Até porque, diferentemente das questões cruciais do ensino brasileiro, como a evasão e a reprovação, sobretudo das primeiras séries no ensino público, deixam de ser, como a sexualidade, "privilégio" de uma classe social. Têm entrado na mira das estratégias de controle, deixando igualmente marcas de fracasso nos caminhos de seu combate. Todos temas de complexidade sensível, que, por suas especificidades, merecem ser tratados, no plano das pesquisas e escrituras, um a cada vez. Neste livro, é a hora e a vez de pensarmos a sexualidade. Só lembramos que, muito provavelmente, enrodilhem-se no mesmo barril de pólvora. Sinais disto não faltam.

Freud e o temido sexo dos anjos

Numa de suas famosas conferências proferidas aos americanos, no início deste século, Freud desfere um argumento difícil de rebater diante da resistente e desconfiada platéia que o ouvia.

O assunto era *A vida sexual dos seres humanos* (Freud, 1916-1917), e o conferencista explicava, uma vez mais, que a sexualidade não era, como sempre se pensou, algo que surgisse na adolescência. As crianças, desde o nascimento, apresentavam *atividades auto-eróticas* que, da sucção à masturbação, passando pelo controle das fezes como estímulo à mucosa anal, faziam-se acompanhar de fantasias e constituíam assim a história amorosa desses supostos anjos. A genitalidade, com a atividade

---

* Psicóloga, psicanalista, docente do Instituto de Psicologia da USP e analista institucional.

auto-erótica que lhe corresponderia (a masturbação), estava sendo considerada por ele apenas como *uma* das formas da sexualidade: aquela que, em verdade e dentre todas, mais anunciaria sua qualidade sexual. Teria ela início, ainda na primeira infância, numa fase que batizou como *fálica* porque, na imaginação dos infantes, os homens e as mulheres possuiriam, por natureza, pênis. Na adolescência, o que estaria, então, acontecendo? Somente o ressurgimento, depois de longos anos de *latência* (entre 7 e 12 anos, aproximadamente), da genitalidade.

Dessa e de outras fases, também eróticas, pouco ou nada nos lembraríamos com o esforço da consciência, mas, com certeza, guardaríamos marcas, mais ou menos indiretas, em nossa vida psíquica. A repressão, conduzida em grande parte pelas atitudes e reações dos pais às manifestações espontâneas de seus filhos, seria a causa tanto do esquecimento quanto do reaparecimento distorcido, em sonhos, sintomas ou angústias de toda espécie, dessa história do desejo sexual.

Nosso doutor, Freud, expunha, outra vez mais, agora para um público estrangeiro, as fundações de sua psicanálise. Tentava provar a propriedade da teoria que, há quase duas décadas, parecia ter vindo para incomodar as concepções sobre o homem e, especificamente, sobre a criança. Como imaginá-la capaz de pensamentos tão impuros?

Acostumado que devia estar com as contraposições, antecipa-se nos argumentos e golpeia, numa retórica impecável, seus ouvintes médicos, educadores e pais de família, naquela ocasião: se, de fato, não acreditassem na sexualidade desde a infância, por que haveriam de estar constantemente reprimindo as crianças nas escolas, no lar e nas prescrições de condutas saudáveis? Imbatível. E prossegue: além disso, se não nos lembramos de nós, na mesma idade, é porque fomos também reprimidos!

Dá para contra-argumentar? Acachapamo-nos hoje, ainda, como devem ter se acachapado aquelas pessoas naquele dia. Coisas de Freud. Parece ter falado para a eternidade...

Apesar de todas as críticas de circularidade e de habilidade puramente retórica de seu raciocínio, é inegável que ele nos desaloja e nos põe a tratar de forma menos convicta do que vínhamos fazendo, o tema da sexualidade. No mínimo, temos de parar e pensar se ele não teria razão.

Com o tempo, e todas as mudanças sociais, econômicas e culturais que nele se implicam, quase um século depois, pode-se notar que suas idéias tiveram um destino curioso:

(a) difundiram-se entre diferentes segmentos "leigos" da população, sendo muito freqüente ouvir-se de um cidadão comum que "fulano tem um édipo com a mãe...", ou ouvir-se de professores de qualquer grau de ensino que "tal aluno tem problema de relacionamento afetivo em casa";

(b) retraíram-se entre especialistas, os psicanalistas, que cada vez menos dedicam-se a estudar Freud, dando preferência a seus seguidores e mantendo seus ensinamentos apenas por uma espécie de tradição oral;

(c) foram ressignificadas, ou selecionadas, no contato com outras áreas do conhecimento, de tal forma que se preservam em parte e, em parte, são recusadas.

O fato é que qualquer discurso sobre sexualidade faz parada obrigatória em Freud. Como neste texto, em que partimos dele. Agora, vamos ver onde podemos chegar.

Da *Vontade de saber* em Foucault

Se nos incluímos entre os que, como em (c), reconhecem na teoria de Freud as virtudes do pioneirismo sério e rigorosamente conseqüente a respeito dessa questão e o acolhemos para articulá-lo a outros pensadores, podemos considerar que a repressão tem modos de agenciamento social que fazem com que a sexualidade, nas malhas dos dispositivos institucionais criados para reprimir, como diria Foucault, difunda-se, circule, aconteça. Aliás, esta é a hipótese desse autor.

Foucault escreveu, em três volumes, uma *História da sexualidade* (1985). Já comentamos, em outro texto desta mesma coleção (Guirado, 1996), parte da trilogia. Recordemos, para os fins específicos deste momento, a compreensão que expressa.

A hipótese repressiva (entenda-se, no caso, a freudiana), para Foucault, não daria conta de explicar os destinos do desejo ou da sexualidade. Ele parte da afirmação de que esta última é o sexo no discurso. Parte, ainda, da afirmação de que os discursos se produzem como dispositivos institucionais.

Para melhor entender esses pressupostos, pensemos que, vida adentro, *fazemos as instituições das quais julgamos apenas participar.* Ou seja, falamos sempre na qualidade de atores, nos palcos ou cenários de práticas ou relações sociais como a família, a escola, o trabalho, a profissão *x,* o lazer *y,* a religião *z* e assim por diante. Portanto, reconhecemo-nos *sujeitos de nossa história* na superposição ou, melhor, no intrincamento de todos os lugares por nós assumidos e aqueles atribuídos a nossos parceiros de jornada. Nascemos *filhos,* numa cultura que reserva à família um determinado estatuto no conjunto das instituições sociais de uma época. Recebemos um nome e um sobrenome que selam as expectativas em torno de nosso vir-a-ser, sobretudo para os nossos pais e parentes mais próximos. A partir daí, choramos, sorrimos, brincamos, aprendemos a ler e escrever, constituímos nossos vínculos de amizade, nossas inimizades, trabalhamos, ficamos desempregados, dormimos sob as pontes ou sob muitas cobertas, divertimo-nos vendo televisão, indo ao cinema ou viajando, entramos na *Internet,* na sociedade de consumo, ou ficamos absolutamente à sua margem, amamos e/ou odiamos e assim por diante. Em cada uma dessas aventuras, estamos sempre *fazendo instituições,* enquanto respondemos a (e, em algum nível, também geramos) expectativas mais ou menos veladas quanto ao nosso fazer. Tudo isto, com ou sem consciência (em geral e em última instância, sem) da rede imaginária e simbólica em que nos enreda-mos. Por ela, com ela e nela, *falamos* e, de longe, indiferenciamos o que fazemos/somos/dizemos.

A sexualidade não escapa desse agenciamento por dispositivos insti-tucionais. Talvez escape mais de alguns do que de outros. Mas, sem dúvi-da, grande parte deles tem suas formas de trazer o sexo para o discurso.

Foucault fala em *A vontade de saber,* sobre a sexualidade perversa; entenda-se como perversão toda forma de sexualidade que não seja hete-rossexual, exercida na intimidade das quatro paredes do casal, com fins de reprodução, incluindo, portanto, a homossexualidade, a masturbação, o exibicionismo, o voyeurismo e até o adultério.

Argumenta, esse autor, que a hipótese de que a sexualidade tenha sido reprimida, ostensivamente, na era vitoriana, e de que restos dessa repressão respinguem até hoje sobre (e dentro de) nossas cabeças não con-segue explicar a difusão ou mesmo a classificação de certas práticas sexu-ais como perversas. Segundo ele, os dispositivos criados para reprimir acabam por ter efeitos contrários àqueles a que se propõem. Isso por um motivo muito simples: as práticas sociais, instituídas em nome da conten-ção, colocam as pessoas na condição de confessar a intimidade de seus erros e, com isso, presentificam ou atribuem estatuto de existência ao que é renegado.

Nesse livro, Foucault discute, mais detalhadamente, dois estandartes da difusão e criação da representação social da sexualidade perversa: a psicanálise e a confissão na religião católica.

As pessoas que acreditam no sacramento da confissão, a cada vez que se confessam, põem no discurso, entre seus pecados, os da carne e, com isso, fazem circular uma forma de sexualidade à margem daquela heteros-sexual, exercida com vistas à reprodução, na intimidade do casal.

O que dizer, então, das psicoterapias, sobretudo as psicanalíticas? Nelas, há o reinado absoluto dessa intimidade compartilhada na fala, exa-tamente com um terceiro que, por princípio, está ali para ouvir, pontuar ou interpretar os rumos do desejo.

Para Foucault, são exercícios ou práticas sociais que agenciam uma sexualidade supostamente reprimida e, com ela, o prazer volta *pela porta da frente* a alimentar o que se diz querer erradicar.

Faz muito sentido pensar deste modo, não? Incita-nos, inclusive, a imaginar outras situações, mais próximas de nosso tema: a educação. Por exemplo, o que dizer das não tão recentes investidas em orientação sexual nas escolas? Poderíamos identificar nelas o efeito surpreendentemente invertido repressão/colocação no discurso ou institucionalização/prazer? Depois voltaremos ao assunto. Basta, por ora, marcar que pensar com Foucault é sempre pensar bem-acompanhado e com as garras da lucidez e da análise bem-afiadas.

And the winner is ...

Quem estaria com a razão? Freud ou Foucault? Quem melhor explicaria aquilo que vivemos e fazemos no cotidiano de nossas instituições, sobretudo na educação? O que acontece é a repressão ou a difusão da sexualidade? Ambos são convincentes. E, talvez, ambos, a partir de seus pontos de vista, nos dêem pistas interessantes. Não nos precipitemos, portanto.

Uma situação exemplar pode esclarecer.

No ano de 1995, no Brasil, de Norte a Sul, assistimos à ascensão meteórica de uma banda musical: Mamonas Assassinas. Desde fitas-piratas no miolo dos grotões do Nordeste, aos discos a *laser* nos grandes centros urbanos, ouviam-se e repetiam-se, à exaustão, letras inteiras em ritmos diversos e estranhamente familiares. A censura impediu a transmissão via rádio; e a televisão, vacilante e desconfiada, apresentava algumas imagens em entrevistas, videoclipes ou trechos de *shows*, daqueles cinco rapazes absolutamente irreverentes. Irreverência pouco habitual para uma banda: nada da sugestão de autodestruição e consumo de drogas, típica dos similares ingleses, escoceses ou norte-americanos; nada dos cenários apocalípticos e dos sons dodecafônicos; nada que lembrasse os tempos áureos de *drugs, sex and rock'n roll*. Uma irreverência caracterizada por brincadeiras rápidas e inteligentes com as palavras, os gestos e as imitações; por um visual à moda dos Irmãos Metralha, do Chapolin, do Robin (sem o Batman, é claro!), do palhaço de circo, todos anti-heróis que, com graça, apresentam-se pelo avesso da força e do poder. Veja-se a auto-apresentação de Chapolin Colorado, em seriado de: *mais rápido que uma tartaruga, mais inteligente que um asno*.

Dinho, Júlio, Sérgio, Samuel e Bento, provenientes, sem exceção, de segmentos pobres da população, moradores de uma cidade cujo destaque nacional se deve ao fato de alojar o Aeroporto Internacional de São Paulo (Guarulhos), ganharam notoriedade ímpar, em meia dúzia de meses, com o lançamento de seu primeiro e único CD. Parodiando o estilo das letras e da melodia de cantores e compositores de época como Belchior (anos 70), Waldick Soriano (anos 60), Titãs (anos 80/90) e outros, mantêm o "ar" daquelas produções em músicas que fazem rir pelo humor esperto, enquanto dessacralizam mitos como o da originalidade. Assim, vão da *Trash Music* até o *Vira*. O cotidiano dos segmentos numericamente majoritários da população brasileira, seus gostos, suas tendências, seus hábitos: o Brasil canta baiano e o baiano canta o Brasil. Não o baiano das estrelas e do *jet set*, mas aquele dos andaimes e das construções. Não como o Chico Buarque o fez em *Construção*, mas como o próprio migrante o faz, de segunda a sábado para descansar no domingo num passeio ao *"Choppis Center, dando um rolezinho, comendo uns bicho estranho num pão de gergelim e preferindo aipim"*. Com sotaque e tudo. Também, as praias cantadas não são as de Ipanema ou Itapuã, belezas das regionalidades para inglês (americano ou argentino) ver; mas, sim, a Praia Grande, reduto brega de banhistas sem tantas posses e brilhos. É certo que nada que se aproxime da poesia de um Vinícius, mas que delicia tanto quanto. Crônica e crítica social finas e inteligentes fazem-se de dentro, com trechos da história de cada um dos integrantes da banda ou dos compositores. Afinal, falam de sua realidade socioeconômica, cultural, mediológica, regional: *brasília amarela com roda gaúcha; peládios em Santios; eu queria apartamento no Guarujá, mas o melhor que consegui foi um barraco em Itaquá (pelo fone 1406); pitxula; meu docinho de coco; music is very good (óxente, ai, ai, ai!); comprei um Reebok e uma calça Fiorucci e ela não quer usar (óxente Paraguai!); eu te ai love iuuuu; monei que é good nóis num have; quando eu repeti a quinta série, tirava E, D, de vez em quando C; subiu a serra e me deixou no Boqueirão, fiquei na merda das areias do destino; nós dois éramos dois, eu feijão você arroz, temperados com sazón;* e assim por diante.

Impossível não reconhecer aí o esdrúxulo perfil das subjetividades nacionais, forjadas nas vendas por "telefácil" ("disque 1406"), nas propagandas comerciais, nas reprovações escolares, na americanização da língua pátria, nas expectativas de consumo e nas práticas de lazer e trabalho, entre outras. No entanto, isso que diverte a razão e os costumes talvez não tenha sido o mote do sucesso repentino. Seria até interessante prosseguir numa análise sociológica desses índices de extravagância do gênero musical dos Mamonas. Como nosso alvo principal não é este, para o momento, vamos àquilo que visivelmente puxou o fenômeno que eles representaram e a faixa etária que eles encantaram. Vamos ao sexo que eles colocam no discurso e que autorizam ser cantado, do Arroio ao Chuí, sobretudo pelas crianças, aquelas a quem as análises sociológicas nada dizem.

Com a licença da música, do ritmo, do som, as bocas se enchem de palavras, nem sempre completamente compreendidas, mas intuídas em seu sentido quase imediato: *suruba; cabelos do saco; bunda; putaria; teta; peido fedorento; fodido; pinto; bazuca anal; cu; tesão.*

A começar pelo símbolo do grupo: dois grandes seios rotundos e um fruto de mamona. Peito e saco em desordenada e sugestiva combinação. Tudo transpira escatologia, analidade, perversão.

As músicas brincam com isso de vários modos, a ponto de uma menina de oito anos cantar com trejeitos românticos (porque a melodia, descolada da letra, tem um quê de balada), a um namorado imaginário: *"minha brasília amarela / tá de portas abertas / pra mode a gente se amar / peladios em Santios",* ou: *"e as vaquinhas / que por onde passam / deixam um rastro de bo-o-o-o-osta".*

Vira, Robocop gay, Bois don't cry e *Mundo animal* são os títulos mais cantados, ao lado de *Sabão crá-crá* e *Pelados em Santos.* São sátiras à ingenuidade preconceituosa (*Vira*), à homossexualidade caricaturizada (*Robocop gay*), à infidelidade sabida e consentida (*Bois don't cry*), à paixão narcísica (*Pelados em Santos*). Metáforas e escrachos fundem-se e não se percebe até onde vai um e onde começa o outro.

Mundo animal e *Sabão crá-crá* são sonora e literalmente alusivas: comer tatu é bom, que pena que dá dor nas costas; os cachorros comem suas mães, irmãs e suas tias; as pombas têm bazuca anal com mira a *laser*, cujo tiro sai sempre fatal; os camelos têm as bolas nas costas e os elefantes têm pintos grandes; e, finalmente, é bom não deixar os cabelos do saco se enrolarem aos do *brruu* (som produzido pela vibração dos lábios, mimetizando a palavra cu).

Confesso que o ato mesmo de escrever esses termos, em texto para ser lido por educadores, causa a esta escritora um certo desconforto. Nada que me impeça de fazê-lo, mas tudo que me faça concordar com Freud quanto ao seu caráter inegavelmente transgressivo às consciências de boa vontade.

Tal constrangimento, no entanto, contrasta visivelmente com a desenvoltura com que posso cantarolá-las enquanto dirijo meu carro ou quando ando pelos corredores da Universidade. Contrasta, mais ainda, com a desenvoltura com que meninos rebolam e fazem trejeitos caracteristicamente *gay*, numa fiel imitação desse seu temido *outro-veado*. Com certeza, em vias normais, menino é menino e não pode sequer dar sinais de gostar de coisas socialmente delegadas às meninas. Mas, com os Mamonas na boca e no corpo, tudo pode!

Talvez aqui se reconheça melhor este *entrar pela porta da frente* que um dispositivo institucional permita à sexualidade supostamente reprimida. Afinal, já é do domínio público que o mundo feminino é favorecido pelas cores, pelo exagero, pela delicadeza, em todos os poros de nossa cultura, cabendo aos nossos pares masculinos afastar a tentação de nos copiar. Cantando e dançando o *Robocop gay*, entretanto, quem há de (se) reprimir?[1]

Descompressão geral. Nas escolas, nas ruas, em casa, na frente de pai e mãe, nas boates *gaúcho também pode, não tem que disfarçar!*

---

1. *"Um tanto quanto másculo / ai! com m maiúsculo / vejam só os meus músculos / que com amor cultivei.*
Minha pistola é de plástico / em formato cilíndrico / sempre me chamam de cínico / mas o porquê eu não sei.
O meu bumbum era flácido / mas esse assunto é tão místico / devido ao ato cirúrgico / hoje eu me transformei. O meu andar é erótico / com movimentos atômicos / sou um amante robótico / com direito a replay. Um ser humano fantástico / com poderes titânicos / foi um moreno simpático / por quem me apaixonei. E hoje estou tão eufórico / com mil pedaços biônicos / ontem eu era católico / ai! hoje eu sou um gay!
Abra sua mente / gay também é gente / baiano fala oxente / e come vatapá.
Você pode ser gótico / ser punk ou skinhead / tem gay que é Muhamed / tentando camuflar / Allah, meu bom Allah.
Faça bem a barba / arranque seu bigode / gaúcho também pode / não tem que disfarçar. Faça uma plástica / ai! entre na ginástica / boneca cibernética / um robocap gay."

Um pouco atônitos, em princípio, os mestres tentaram uma cara de zanga, mas logo aderiram. Pelo menos, fingiram não ouvir seus filhos diletos em tão barulhenta autoconfissão, deixando cair as máscaras.

Desse mesmo cenário, descendiam os outros termos do rosário da sexualidade: os "palavrões", como porreta, porra, veado, suruba, em algumas aulas foram objeto de pesquisa em dicionários e congêneres. Aulas de Ciências? Português? Estudos Sociais? Não teve jeito! O negócio era trazer para o "círculo de cultura"!

E assim foi, até que com a morte, por acidente aéreo, de todos os componentes da banda (março de 1996), as próprias crianças, em entrevistas exploradas pela mídia, que até então vacilava na divulgação de um discurso tão ofensivo à moral de costumes um tanto quanto hipócritas, disseram o que as fascinava: a oportunidade de dizer nas palavras e nas melodias dos Mamonas aquilo que, por elas e por seus adultos, jamais se autorizariam dizer.

Como dissemos de início, o que daria em parte razão a Freud é que aquilo que, à flor da pele, se reprime, quando devidamente agenciado, como diria Foucault, alastra-se no discurso e, por ele, tem lugar a céu aberto.

Onde há fumaça, há fogo

Até aqui acompanhamos mais detalhadamente como a educação, na qualidade de instituição, se vê atropelada e atrapalhada pelo aparecimento do fantasma à luz do dia, nas asas de um fenômeno musical. Foi só uma manifestação de sua existência (do fantasma). E como sabemos que "onde há fumaça, há fogo", imediatamente nos curvamos à inevitável pergunta: *o que a escola pode fazer diante disso?* A resposta pode não ser animadora, mas é sincera: *nada ou quase nada, diretamente.*

A educação é uma instituição milenar e parece auto-sagrar-se a ter como objeto a correção de todos os desvios da conduta humana. Às vezes, deixa-se auxiliar por parceiras mais jovens nesse ofício: a medicina psiquiátrica, as prisões e as casas de correção. Sem contar a família intimista e nuclear.

Em sua forma escolar, a educação vem, há séculos, perseguindo o mesmo alvo; só que, nessa modalidade, vê-se forçada a aliar os objetivos didático-pedagógicos a estoutros de fundo atitudinal.

Ora, a sexualidade e o desejo, por definição, não se deixam capturar absolutamente pelas malhas da disciplinarização generalizada. Não se deixam ensinar como matéria de currículo, ainda que por vezes isto seja tentado. Que distância existe entre as aulas de reprodução em girinos e peixes, de um lado, e as fantasias de ato sexual, de outro, tendo como protagonistas os pais e/ou as próprias crianças! Que distância existe entre os desenhos assépticos dos ciclos reprodutivos dos animais, por sua vez, e os trejeitos e rabiscos reais ou imaginários que os versos dos Mamonas permitem!

Assepsia do prazer é, nesse caso, sinônimo de seu banimento. Missão impossível, como diria o bom e velho Freud. Resultado: o que se aprende em ciências engaveta-se para sempre na memória de alguns alunos mais aplicados, completamente apartado do sentido e da vontade de conhecer. Quem retém esse conteúdo de tal modo a devolvê-lo em qualquer avaliação, quando necessário for, retém-no como letra morta. Aliás, todos os esforços, intencionais ou não, por parte de quem programa o ensino e de quem ensina, parecem estar nessa mesma direção! E é perfeitamente compreensível que assim o seja: afinal, todos, no fundo, tememos os fantasmas! Mas como os caminhos do cruzamento, agora entre as ciências e a imaginação do aprendiz, são insuspeitos, cada um constrói, a gosto ou a peso de sua história, suas fantasias. E, com o tempo ou no ato de ambas *se esquece*.

Se, no caso acima, tudo é feito com a naturalidade das assepsias didático-pedagógicas e a escola fica com cara de escola e pronto!, nem sempre é possível fechar olhos e ouvidos para o que de sexualidade, de um jeito ou de outro, parece brotar. Ainda que seja nos banheiros, nos corredores, na saída da aula; em *out*, portanto. É então que se notam as iniciativas de convidar o sexo para a roda curricular, mesmo que na qualidade de "extra". As escolas, buscando se modernizar, encaram o recorrente fator sexual das fantasias e dos comportamentos de seus alunos e fazem entrar em cena as aulas de orientação sexual. E assim, tenta-se ir direto ao assunto: ora com a formalidade do ensino da reprodução humana, ora com os grupos de discussão (discussão e orientação com sentidos inequivocamente fundidos) sobre sexualidade. Neste último caso, tudo é feito e proposto de maneira que se fale dos problemas que afligem (?!) o alunato. Mas esbarra-se, constantemente, nas limitações do próprio hospedeiro ou anfitrião, para que se possa *dizer tudo* ou *indagar sobre tudo*. Afinal, a presença dos pares, o próprio gênero discursivo da instituição escolar, o lugar do enunciador-orientador, sua maior ou menor descontração, tudo denuncia um certo artifício. Não que não agrade aos estudantes. Pode até agradar. Mas, sem dúvida, há um alvo entre o preventivo/corretivo, nem sempre encoberto, que, com a melhor das já boas intenções dos educadores, acaba oferecendo os trilhos, nos quais devem todos se agarrar para que as coisas não "degringolem".

Em oposição, como não poderia deixar de haver uma oposição, a vantagem "foucaultiana" se anuncia: o sexo se põe no discurso e isso tem desdobramentos nem sempre previsíveis. De passagem, a escola acaba se colocando como espaço para uma pedagogia confessional da intimidade. Mais uma, além de todas as ocasiões de confissão que, da literatura ao sacramento religioso, tentam, em vão, cercar o aparecimento daquilo que temos o direito de não revelar.

Alguns grupos ou equipes multiprofissionais, a título de informação e prevenção, de fora da escola, dispõem-se a ser ocasião dessas discussões sobre o "tema" entre os alunos. Institui-se mais uma vez o discurso sobre o sexo, regulam-se e seqüenciam-se as oportunidades de seu surgimento. Fala-se de relação sexual, de homossexualismo, de namoros e "rolos", e o prazer ou o desprazer se produz sob a guarda desses arautos.

Por incrível que pareça, não estamos, com todos esses apontamentos, fazendo uma crítica, no sentido de um julgamento com fins à condenação da escola. *Fazemos apenas uma constatação*. As coisas poderiam ser diferentes? Provavelmente não. A educação escolar, no caso de que ora tratamos, é a instituição dominante e tudo o que em suas malhas se tecer terá o perfil de seu objeto como instituição. Dizendo mais claramente, tudo vai ter a sua cara.

Entendamos melhor esta ressalva.

Até onde vai a escola no que diz respeito à sexualidade?

Estamos usando o termo *instituição*, neste texto, com um sentido bastante especial e que merece ser explicitado para que certas afirmações possam ser mais bem compreendidas. Estamos definindo as instituições como relações ou práticas sociais que tendem a se repetir e que, enquanto se repetem, legitimam-se. Existem, sempre, em nome de um "algo" abstrato, o que chamamos de seu objeto. Por exemplo, a medicina pode ser considerada, segundo nossa definição, uma instituição e seu objeto, pode-se dizer, é a saúde. (Guillon, 1978)

As instituições fazem-se, sempre também, pela ação de seus agentes e de sua clientela. De tal forma que não há vida social fora das instituições e nem sequer há instituição fora do fazer de seus atores.

Representamos o que fazemos como tendo de ser assim, como não havendo outro modo de fazê-lo, como natural, e não como relativo à prática institucional. Reconhecemos esta como *a* prática possível e desconhecemos que poderia haver outros modos. A exemplo: para nós, professores e educadores (agentes institucionais), para os pais e para as crianças e/ou jovens que fazem a escola como sua clientela, parece tão natural que se aprendam os conhecimentos básicos da cultura por meio de aulas e disciplinas que, com certeza, está relegado ao desconhecimento que a escola é invenção da época moderna e que a ela se ajusta, no conjunto de suas instituições. Não foi Deus que disse que as coisas teriam de ser assim...

Decorre dessa concepção de instituição uma série de outras considerações que dizem respeito, mais diretamente, ao nosso tema no presente texto. Vamos a elas.

É uma espécie de vício das instituições o de estender seu âmbito de ação para além dos limites delineados por seu objeto. No caso da escola, como isto aconteceria?

Talvez fosse adequado, antes de qualquer coisa, esclarecer o que estamos considerando como o objeto da instituição-escola: a aprendizagem de conhecimentos, por meio da constituição de esquemas de pensamento que dêem conta das possibilidades de aprender, bem como o desenvolvimento de uma atitude diante do conhecimento.

É muito comum, no entanto, que se arrogue direitos como o de vir a ensinar aos pais como devem educar seus filhos, como faziam os pediatras ou médicos de família com as mães-"enfermeiras", extensões de seus ditames no interior da família, outra instituição.

A escola, com isso, tenta ampliar seu âmbito de ação até se confundir com toda a educação possível numa sociedade. No mínimo, pretensioso, não? Sobretudo, quando observamos que faz isto em muitas direções, desde hábitos alimentares até... a conduta sexual. Como a sexualidade parece irreversivelmente constitutiva do humano, onipresente e nem sempre onisciente, ela vai atravessar as ações cotidianas de professores e alunos. Mas que daí a escola se arvore a alçar vôos para controlar ou educar suas manifestações ou efeitos é uma outra coisa.

Quando dissemos, no início do texto, que a escola pode fazer nada ou quase nada nesse âmbito, estávamos, desde então, afirmando que sua estratégia poderia ser a de *deixar que a sexualidade surja para tomá-la em consideração.*[2] E não deixaria, mesmo assim, de ser a instituição que é. Apenas, digamos, poderia estar lidando com mais delicadeza na extensão de suas fronteiras. Como?

O ambiente já está dado: as crianças ou adolescentes, *como alunos,* reeditam nas relações ali constituídas suas fantasias, seus desejos, conflitos, sua história; reeditam a posição que se *vêem* ocupando vida adentro nas relações entre gerações, gêneros, raças e/ou religiões; há um entrecruzamento fértil, circunstancialmente dado, desses e de outros vetores. Pretender organizar cada um desses planos, direcionando-os para um único norte, ou melhor, pretender organizá-los em atitudes uniformes, conforme as metas de uma educação atitudinal, é, sem dúvida, uma tarefa a que a escola se propõe, como não poderia deixar de ser, para se fortalecer como instituição social. Mas é exatamente nisto que força a barra, que ultrapassa seus limites, anda na contramão de uma ética da relação social, e mesmo da intimidade.

As iniciativas consideradas mais agressivas e modernas, como os grupos de discussão da sexualidade, perseguem este alvo. Quando, na verdade, deveria se garantir, nesse aspecto, um papel ou lugar menos decisivo e mais sóbrio. Poderia, assim, estar agindo no território de sua especificidade, como instituição social, e com certeza, estaria fazendo muito.

---

2. A expressão *deixar que surja para tomar em consideração* foi cunhada por Fabio Herrmann, em seus livros, para dizer da característica fundamental da interpretação psicanalítica, segundo seu ponto de vista. Emprestamos dele os termos e não o significado específico.

O que isto quer dizer? Lancemos mão de uma situação concreta, a título de clareza da exposição de motivos.

Dia desses, perguntei a uma criança de terceira série, de uma dessas escolas mais à esquerda do eixo da tradição, como é que a professora lidava com o fato de os meninos andarem importunando um colega, por seus hábitos de irresistível apego aos dengos maternos. A resposta foi, deliciosamente, esta: "Ah, se alguém chama ele de veado, em voz alta, no meio da aula, a professora diz, sem nem virar da lousa: 'olha a boca...'". O *veado*, no caso, deve ter estourado os limites do respeito para com a atividade em questão (aula de gramática), para com a atenção dos outros colegas a ela, para com as regras mínimas de emissão de opinião sobre um colega, para com sua exposição, e (por que não?) para com os limites de tolerância da professora.

De fato, é muito mais difícil lidar com situações deste tipo, no fio de navalha de sua dimensão social e psicológica, a sangue quente, sem estratégias instituídas, sem as certezas das táticas planejadas e, portanto, distantes do calor da hora, como os grupos de orientação e informação sexual ou *oficinas de sexualidade* (como são também chamados em tempos modernos)!

Por que uma especificidade à escola como instituição?

No *plano teórico*, vem de longe uma espécie de condenação da tentativa de definir uma especificidade à escola como instituição.

Há os que, apoiados num referencial marxiano, julgam que, assim, podemos estar retirando seu lugar de destaque na reprodução de ideologia da classe dominante e, com isso, sua importante ação no plano político, como aparelho ideológico do Estado burguês. É como se estivéssemos, nós, reproduzindo ou produzindo um pensamento alienado, que combina com as forças dessa classe que desmesuradamente apodera-se do Estado em benefício de seus próprios interesses. Estaríamos, desse modo, falando da escola como se ela fosse uma instituição acima de qualquer suspeita e deixando de tratar de seus temas mais candentes, sobretudo num país de Terceiro Mundo como o nosso, como as questões de evasão e reprovação, as desigualdades de acesso e a deterioração do serviço público. Para estes, muito provável e honestamente, tratar de uma questão como a sexualidade já seria, em si, desviar-se das questões estruturais e de peso.

Há os que, apoiados no discurso da globalização pós-moderna, poderiam nos acusar de retrógrados, avessos à entrada dessa instituição no universo da cultura e de seus avanços. Definir uma especificidade seria equivalente a impedir que a escola abrisse suas asas sobre as conquistas sociais ou se deixasse ser atravessada por elas. Assim, por que não tratar *também* da sexualidade, aproveitando dos recursos melhorados da psicologia dos grupos e até da computação gráfica?

36

No *plano da prática* ou da situação concreta, há, de um lado, a realidade social da fome, do desemprego, da desigualdade e da precariedade, até certo ponto planejada, do ensino público que parece se impor de tal forma a impedir que se atribua, de fato, estatuto de existência a outras questões, menos visíves, mas, a nosso ver, igualmente importantes como os métodos de ensino do conhecimento acumulado na cultura, bem como a constituição de esquemas de pensamento e atitude diante desse conhecimento. De outro lado, as famílias exercem, no caso das escolas de nível médio ou acima, pressão para que estas se equipem para dar conta tanto das demandas de atualização tecnológica quanto das sociais e afetivas, complementando ou suprindo aquilo em que, cada vez mais, mostram sinais de fracasso: oferecer novos trilhos, ao mesmo tempo, mais flexíveis e, portanto, mais adequados à época, sem deixarem de ser decisivos na educação de suas crianças e adolescentes; fogo cruzado para esta escola que, além de tudo, está inserida no jogo da competição de mercado.

Como se pode notar, há muitos e razoáveis argumentos em favor de não se configurar uma especificidade à escola em sua qualidade dé instituição. Reconhecemos, em princípio, a validade deles. No entanto, não haveria como rebatê-los, no âmbito deste texto, ou melhor, não haveria como demonstrar, ponto a ponto e nas poucas palavras que o presente espaço nos exige, que falar em nome de um lugar específico não significa negar a inserção da escola no conjunto das instituições sociais da modernidade e, nem sequer, nas condições da realidade brasileira. O leitor poderá, se houver interesse, acompanhar com detalhes as contra-argumentações em outros trabalhos que, publicados mais recentemente, têm feito a sustentação de nosso modo de pensar (Aquino, 1996; Guirado, 95/87/86). Por ora, deter-nos-emos em alguns aspectos, apenas, como que a iniciar uma espécie de defesa prévia às críticas que poderão ser feitas, para então fundamentar a necessidade de uma afirmação dos limites e alcances da instituição escolar.

Partir do pressuposto que a especificidade da escola é a lida diária com o conhecimento constituído e aquele a constituir, bem como a relação do aprendiz com esse conhecimento, não é retirar-lhe a inevitável ação no plano ideológico e político. Não é, sobretudo, concebê-la de modo alienado como se ela nada tivesse a ver com a constituição de um imaginário e de um conjunto de relações que definem uma subjetividade, como uma das instituições de um determinado momento histórico. *Admitir-lhe uma especificidade é pensá-la conforme seu objeto, seu alvo, sua particular inserção no tecido social. Nada mais. Ou melhor, tudo isto.* Prossigamos, portanto, detendo-nos, agora, no que representa operar dentro dos limites desse campo. Como o leitor poderá notar, não representa pouco...

As instituições sociais só configuram seus objetos em meio a ambigüidades e contradições. Assim, quantos não são os equívocos e os tropeços, quantos não são os descaminhos, no sentido de construir uma relação de criação aprendiz/conhecimento! É grande desafio driblar a repetição, a cópia, a submissão àquilo que se apresenta como saber constituído. É grande desafio supor a necessidade de memorização das tabuadas, das regras ou exceções na variação de gênero, número e grau de substantivos e adjetivos, sem comprometer a compreensão da "lógica" somatória da multiplicação, ou da "lógica" das categorias gramaticais; mais ainda, sem inibir a imaginação, a escritura, o texto, o pensamento, enfim. Fazer bem tudo isto já é tarefa de monta.

Nela, inelutavelmente, o aluno-aprendiz está inteiro. Quer dizer: ao processar qualquer uma dessas informações, vão estar em jogo, desde o sentido que para ele tem estar aprendendo, até uma dor de barriga, de ouvido ou de cabeça que circunstancialmente venha a sentir. O *modo como a escola ensina*, considerando-se as condições materiais, sociais e as condições relativas ao método e às aspirações mais amplas quanto à formação, *constitui sentidos para o ato de aprender, para a relação professor/ aluno, para os vínculos entre os pares*. Não constitui a dor de barriga ou de cabeça, na melhor das hipóteses, mas pode lidar com maior ou menor tolerância, maior ou menor eficiência e atenção, em caso de sua ocorrência.

Aí está a questão! A escola, *nas fronteiras da especificidade de seu objeto* como instituição, estaria se ocupando, *imediatamente*, desses efeitos da ordem dos *sentidos de aprender*, da *posição diante do saber*, do *modo de aquisição de tal saber*. Suas estratégias, de maneira intencional e planejada, poderiam se fazer nesse terreno que é o denominador comum das práticas educativas escolares. E é nele que se desenham as singularidades afetivas, cognitivas, de relacionamento com os pares e outros segmentos institucionais, em cada aluno. Como dissemos antes, reeditam-se, sobre os códigos da instituição, os códigos da história pessoal, incluindo-se a sexualidade.

Não há, entretanto, que pretender abarcar o universo dessas variações, uma a uma. Da mesma forma, não há que pretender esquadrinhar orientações e hábitos para a multiplicidade de aspectos em jogo no ato e no momento de aprender. Se, nas práticas escolares, a aprendizagem de conceitos, das matemáticas, das ciências, gramáticas e estudos sociais puder ser ocasião para que se dê a vontade de conhecer, a escola irradiará, de sua especificidade, efeitos que tomam o aprendiz por inteiro.

O resto vem por acréscimo. Isto é, pela ética da tolerância institucional.

A escola não precisa ser *imediatamente* terapêutica. Não precisa ser *imediatamente* intimista, nem *imediatamente* religiosa ou agnóstica. Ao ensinar, será, *mediatamente*, tudo isto. E basta.

Aprendendo nas cercanias da sexualidade, isto é, da intimidade

Como fizemos em outros momentos deste texto, tomemos de empréstimo das situações concretas, agora, um recorte que possa ilustrar o que parece ser, se não o for realmente, árido.

38

Sabemos, por exemplo, que a conquista da língua escrita é tarefa árdua para os que freqüentam as primeiras séries do primeiro grau. Sabemos, também, que a língua falada pode ser o guia. A narrativa é um gênero literário que promete fazer as pontes. Marcada pela possibilidade de "livre" expressão do pensamento de um narrador, é ocasião de uma produção escrita que deixa seu autor à vontade para *contar*. Às vezes com tema determinado (no caso, pelo professor), às vezes com tema livre, pode-se pôr o pequeno aprendiz, que domina melhor o fluxo da fala do que o da escrita, *a falar por escrito*. Com maior ou menor preocupação com a correção ortográfica, de acentuação ou pontuação, conforme o perfil e as exigências da criança e aquelas da escola em que estuda, *vai contando*. De preferência, o que lhe vier à cabeça. E o que lhe vem à cabeça, se penso conforme prevêem a psicanálise, as teorias sociológicas da representação e as teorias sobre instituições, terá sido, inevitavelmente, tecido em sua história pessoal, nas diferentes relações que foi constituindo com figuras significativas para ela. Ora, disso não se exclui o modo *como* foi organizando sua sexualidade, a intimidade de suas fantasias ou, em outra linguagem, suas representações dos vínculos afetivos, suas identificações. No modo como constrói sua narração, bem como nos focos temáticos que faz, está toda a criança. Claro que não precisa ser interpretada. Basta-lhe ser possível dizer e estará, sem dúvida, uma vez mais, podendo ser.

Duas observações cabem aqui. Primeira: toda professora, sobretudo das séries iniciais, sabe o quanto as redações de seus alunos são, nesse sentido, autodemonstrativas. Segunda: o leitor do presente texto já deve ter-se apercebido de que o termo *sexualidade,* mesmo que tenha perdido em precisão pontual, ganhou em abrangência, para não mais significar genitalidade ou analidade, e sim, propositadamente, confundir-se, *nos seus efeitos*, com intimidade, desejo, afetividade; tudo, com a aquiescência conceitual de uma certa psicanálise que, novamente, não vem ao caso discutir em detalhes teóricos, no escopo deste texto (Freud, 1921).

Prosseguindo. Se as narrativas têm, por si, potência expressiva (e psicopedagógica, como querem alguns), seu manejo, no entanto, pode explorar ou restringir essa potência. O confronto com exigências iniciais *muito* severas, no que diz respeito à correção, pode levar a escrituras que restringem também a expressividade do texto e do pensamento de seu autor. Mas *dentro de certos limites de tolerância ao erro e ao estilo*, talvez seja a "galinha dos ovos de ouro" na aprendizagem ou na recriação do conhecimento que a escola faz ou tem como seu objeto, na qualidade de instituição. O contato da criança com as ciências da linguagem, da história, dos estudos sociais, mais diretamente, ou, mais indiretamente com as ciências biológicas e matemáticas, em maior ou menor grau, podem, em tal contexto, passar pelo contato com o conjunto de sentidos, com a afetividade, a intimidade e, por que não?, com a sexualidade daquele que está no lugar de aprendiz. Quer o educador, e mesmo o leitor, situação mais interessante?

No esforço de demonstrar sua viabilidade, outra ilustração. Desta vez, uma ilustração de como esse enredamento subjetividade/aprendizagem se pode fazer concreto.

* * *

Luisa, nos seus 8 anos, cursava a segunda série. Acordara, naquela manhã de setembro, entre curiosa e satisfeita com um sonho que tivera. Relata-o, fragmentariamente, como se ainda não quisesse comunicá-lo e, muito menos, ouvir o que a tia, versada na arte de interpretar porque psicanalista, arriscasse dizer sobre ele. Monstro gelatinoso roxo, choro que inundava a metade do mundo, menina esperta que inverte a relação de forças: todos, elementos que, por suposição, compunham o universo de questões que a vida impõe, tão singularmente, à história e à elaboração dessas adoráveis e corajosas cabecinhas.

A lida com as lições de casa e as brincadeiras pareciam tê-la afastado das sensações intrigantes do despertar. Almoçamos e, conforme ritual diário, foi para a escola.

Lá, primeira aula: português. Atividade: redação com tema livre. Não teve dúvidas: relatou seu sonho! Agora, com direito a fachadas e elaborações secundárias, no melhor estilo com que os sonhos, como diria o Pai-Freud, organizam os sentidos daquilo que se vive. O monstro ganha nome e sobrenome, ou melhor, as iniciais de um sobrenome, que ela comenta posteriormente serem as iniciais de seu sobrenome, com a excitação-surpresa que as descobertas repentinas provocam. Mais, ganha forma e cor pelo manejo de um *paintbrush*, na aula de computação.

Assim, ganha o mundo, ganha expressão escrita, comunicável, sem inibições e com muito prazer, um pedacinho do mundo de Luisa.

Interpretações de qualquer tipo ficam absolutamente dispensáveis. Até porque, o ato de trabalhar desse modo, num terreno de fértil entrelaçamento imaginário, é em si analítico. E, se não o for, é porque não precisa sê-lo. A situação concreta deu conta do recado. Ou, dos sentidos possíveis, *para, por* e *a* quem de direito: a autora do sonho e da redação.

Vamos a ela.

BUIU G.C. - a tragedia[3]

Um belo dia um monstro horroroso atingiu a terra.
FICHA DO MONSTRO:

---

3. Autora: Luisa Guirado Caramicoli. Atualmente, 1996, Luisa cursa a terceira série na escola Móbile, em São Paulo. Por ocasião da escritura dessa redação, cursava, na mesma escola, a segunda série e sua professora era Renata de Godoy Salles.

1. nome: BUIU G.C.
2. idade: 3 anos
3. jeito: gosma com catapora
4. cor dos olhos: azuis
5. cor do nariz: rosa
6. cor da boca: sem boca portanto não tem cor
7. cor dele: roxa
8. tamanho: 3 metros de altura
9. peso: 10 toneladas
Continuando...
Bom. Ele atingiu a terra e assustou todo mundo e foi uma tragedia sabe porque?
Porque ele atingiu os predios e deixou todo mundo de cabelo em pé e ainda por cima comeu quase todas as árvores.
E agora eu entro na história.
Bom então graças a mim eu chego para o monstro e falo:
-E aí seu grandalhão quer destruir o mundo? Pois então vá destruir o mundo de sua vovozinha.
Falou eu.
Mas logo depois senti pena dele porque ele se pois a chorar e eu fiquei com dó.
Mas depois de alguns minutos ele resolveu emplicar comigo. Quer dizer quase me engoliu e então eu criei coragem e fui falar para ele porque ele queria me comer se eu era tão boazinha com ele. E tambem que se fosse feri-lo, iria ser um pouco dificil porque eu não tenho altura e a altura é de 3 metros. Só por isso, mas ele não disistiu e quando foi me comer eu acordei. Então não foi posivel acabar com o monstro.

FIM [4]

---

4. Há um episódio interessante que, de certa forma, "coroa" este momento que considero privilegiado em termos de *aprendizagem nas cercanias da intimidade*. Os atores em questão (a aluna/autora e a professora) fizeram sua parte na cena institucional como "manda o figurino", ou, melhor, como prevê a teoria que, aqui, pretendi sustentar, aos olhos e ao pensamento do leitor ou seja: desenvolveram atividades programadas pelo e para o cotidiano daquela escola, sem se dar conta do tanto de cada uma que estava se constituindo e se mobilizando numa atividade rotineira. A professora solicita uma redação, a aluna aproveita para elaborar suas novidades imaginárias (inclusive, com direito a desenhar o personagem no *paintbrush*, na aula de computação) e a correção se faz discreta, pedindo-se para substituir '*falou eu*' por '*falei eu*'. Um tempo depois, ao participar de um congresso em educação, a referida professora solicitou dos seus alunos do ano anterior que lhe emprestassem suas redações para que ela apresentasse um trabalho. Dentre todas, escolheria uma apenas. Qual foi a redação escolhida, no caso de Luisa? *Buiu G. C.* Um viva à sensibilidade e à *vontade de saber*! De alguma forma, sem que tivessem consciência, esses atores partilharam sua intimidade. É só *deixar que surja para tomar em consideração*, mesmo! Claro que isso pode acontecer, quando há alguma disposição para tanto. Mas essa disposição não se constitui senão na relação concreta. Pareciam, ambas as parceiras, afinadas na satisfação, no prazer, nas condições de ensinar e aprender. É viável ou não é?

Bibliografia

AQUINO, J.G. (1996a) *Confrontos na sala de aula: uma leitura institucional da relação professor-aluno.* São Paulo: Summus.

————. (org.) (1996b) *Indisciplina na escola: alternativas teóricas e práticas.* São Paulo, Summus.

FREUD, S. (1976) A vida sexual dos seres humanos (orig. 1916-1917). In: *Obras Completas* (v. XVI), Rio de Janeiro: Imago.

————. (1976) Psicologia das massas e análise do ego (orig. 1921). In: *Obras completas.* (v. XVIII) Rio de Janeiro. Imago.

FOUCAULT, M. (1985a) *História da sexualidade I: a vontade de saber.* Rio de Janeiro: Graal.

————. (1985b) *História da sexualidade II: o uso dos prazeres.* Rio de Janeiro: Graal.

————. (1985c) *História da sexualidade III: o cuidado de si.* Rio de Janeiro: Graal.

GUILHON ALBURQUERQUE, J.A. (1978) *Metáforas da desordem.* Rio de Janeiro: Paz e Terra.

GUIRADO, M. (1996) Poder indisciplina. In: Aquino. J. G. (org.) *Indisciplina na escola:* alternativas teóricas e práticas. São Paulo: Summus.

————. (1993) *Psicanálise e análise do discurso: matrizes institucionais do sujeito psíquico.* São Paulo: Summus.

————. (1987) *Psicologia institucional.* São Paulo: EPU.

————. (1986) *Instituição e relações afetivas.* São Paulo, Summus.

A individualidade impedida:
adolescência e sexualidade no espaço escolar

Heloysa Dantas de Souza Pinto*

Analisar a relação entre sexualidade e escola é praticamente equivalente a articular os pólos de uma antítese. A escola tem-se mostrado persistentemente refratária ao impacto do que foi chamado por Reich de "revolução sexual". Os adolescentes sabem que "é proibido namorar na escola", e as propostas de educação sexual parecem patinar, não conseguindo se impor. Talvez isso reflita o antagonismo essencial entre sexualidade e cultura postulado por Freud, ou a incapacidade de modernização da instituição educativa.

A utópica exigência reichiana que atribuía aos adultos não só a função de permitir, como também a de *proteger* o exercício da sexualidade infantil e juvenil, entendida como direito fundamental da pessoa, quando se concretizou, foi fora do espaço escolar, geralmente no interior da família.

Dentro da escola, a interdição às manifestações do erotismo permanece mais rigorosa do que as que pesam sobre as expressões da hostilidade.

Qualquer discussão realista sobre o vínculo entre escola e sexualidade deve reduzir-se, assim, ao âmbito da orientação sexual, isto é, ao aconselhamento possível acerca do destino a dar às pulsões genitais emergentes. A resposta, sem dúvida, depende de posições de natureza ideológica, mas tem a ver também com a natureza da concepção de desenvolvimento humano que se utiliza.

Onde a sexualidade assume o lugar de eixo fundamental da pessoa, a orientação parece tender para a sua utilização imediata assim que ela se torna biologicamente disponível. Obstruí-la adquire o caráter de uma violência equivalente à de impedir o exercício de qualquer possibilidade nova: andar, falar, pensar.

---

* Pedagoga, mestre e doutora em Psicologia da Educação. Professora de Psicologia do Desenvolvimento na Faculdade de Educação da USP, é também autora de *A infância da razão* (Manole, 1990), co-autora de *Piaget, Vygotsky, Wallon: teorias psicogenéticas em discussão* (Summus, 1992) e *Alfabetização hoje* (Cortez, 1994).

Quando, entretanto, a sexualidade é vista como *apenas uma* das dimensões da pessoa e o desenvolvimento como algo destinado a levar à sua expansão e diferenciação máximas, a resposta não é tão clara.

O que proponho aqui é examinar o lugar da sexualidade dentro de uma perspectiva psicogenética deste tipo: a questão passa a se referir às relações entre escola e individualidade em formação.

Sexualidade e desenvolvimento da pessoa: a perspectiva walloniana

De qualquer maneira, considerar a questão da sexualidade em termos escolares significa pensá-la do ponto de vista da psicologia do desenvolvimento, e é útil adotar uma perspectiva holística que resulta em ver na sexualidade um dos elementos que compõem a identidade pessoal. Em lugar de isolá-la do conjunto da pessoa, fazer o movimento inverso: recolocar uma dimensão, que tem sido tratada de forma às vezes tão especializada, dentro do quadro da pessoa integrada, assim como propõe Wallon (1995).

A adoção dessa perspectiva leva a reformular o problema inicial, e a reflexão sobre o espaço que ocupa a sexualidade dentro das agências educativas passa a se confundir com a indagação sobre a maior ou menor capacidade destas de dar lugar à individualidade em gestação. Uma das constatações feitas pelas psicologias da pessoa se refere ao fato de que individualidades em formação são individualidades em expansão; é fácil verificar que não existe no espaço escolar a retração da ação adulta que deveria corresponder a esse processo. A existência habitual de um mesmo regimento escolar do início ao fim do primeiro grau documenta esse fato.

Os horários têm as mesmas durações, fazendo exigências de atenção, concentração e imobilidade que são idênticas nas duas pontas, e desconhecendo toda a evolução que se cumpre ao longo daqueles sete ou oito anos. A idéia de horário com duração crescente para as atividades impostas, situada dentro de um tempo de permanência na escola que incorpore a possibilidade de atividades livres é para nós uma idéia excêntrica, como o era, aliás, até há pouco tempo, aquela de remunerar as famílias pela permanência das crianças na escola. A efetivação desta última prática, em várias cidades do país, evidencia um despertar da consciência de que é preciso manter, a todo custo, *todas* as crianças na escola, e de que o estudo é a forma de trabalho que lhes corresponde.

Os regimentos, isto é, as normas de convívio são também os mesmos; e se eles pecam desde o início pelo conteúdo (arbitrariedade das regras e das sanções), passam a errar também a partir da adolescência, pela forma da aplicação, já que ela é sempre uma imposição que exclui todo envolvimento juvenil. Ora, todas as psicogenéticas informam que a possibilidade de autogestão é o correlato natural da ampliação das possibilidades da inteligência.

Estabelecer regras de convívio a partir de uma reflexão coletiva, pensar em sanções logicamente vinculadas à transgressão de normas consensuais e na participação na aplicação daquelas aos casos concretos: que treino poderia ser melhor do que esse para desafiar as inteligências em formação?

Essa digressão teve por objetivo ilustrar a afirmação de que há, em relação à inteligência, a mesma constrição que pesa sobre a sexualidade. Ambas podem ser pensadas como possibilidades em expansão que não encontram espaço; a escola comum opera, em relação a ambas, com a insensatez de quem tenta impedir de andar uma criança de um ano. Possibilidade de andar implica o desejo de andar; a possibilidade de pensar ou de exercer a sexualidade nascente também o supõe necessariamente. O recrudescimento dos conflitos tão freqüentemente assinalado a partir da quinta série não tem outra origem.

Sexualidade e afetividade

Quando refletimos a partir da suposição walloniana, que tem se revelado fecunda, de que o desenvolvimento pessoal resulta de uma trama em que se cruzam e se constituem inteligência e *afetividade*, a sexualidade aparece como um componente desta última, e, por conseguinte, também penetrada e modificada pela evolução cognitiva.

A vida afetiva progride no sentido da incorporação de elementos elaborados pela inteligência. Ao amor "epidérmico", única forma possível de manifestação afetiva durante os primeiros anos, vem se acrescentar uma forma de amor que poderia ser qualificada de "cognitiva": em algum momento do desenvolvimento humano, *amar* começa a se confundir com *conhecer*, e é o que garante ao educador a possibilidade de exercer o seu ofício, único trabalho no qual o amor pelo objeto é uma exigência *sine qua non*.

Condenado a "amar" todos aqueles a quem tiver a pretensão de ensinar, ele estaria fadado ao insucesso se o concebesse apenas daquela maneira básica, primária, que, sendo por natureza seletiva, implica eleger uns e esquecer outros. Mas esta forma cognitiva de amor pode ser estendida a todos; pode ser colocada como exigência profissional: é possível conhecer a todos, saber sobre cada adolescente os fatos essenciais de sua história de vida, das suas condições de vida, do seu projeto de vida.

O avanço da inteligência cria exigências cada vez maiores à afetividade e, por conseguinte, à sexualidade. As mulheres em seu processo de emancipação têm consciência clara desse fato; fazem a seus parceiros sexuais exigências de reciprocidade e igualdade de direitos e deveres que são da ordem da inteligência e da ética, desenvolvendo uma sexualidade profundamente penetrada pela racionalidade. Não importa discutir aqui qual o limite dessa penetração; é óbvio que ela não se completa, como nunca se completa a redução da emocionalidade pela racionalidade.

Basta afirmar que a sexualidade não pode ficar, como não fica a vida afetiva, em seu conjunto, à margem do desenvolvimento da inteligência.

45

Esse é um elemento fundamental para qualquer educação/orientação sexual que a escola queira realizar com os jovens. É preciso dizer-lhes, lembrar-lhes de que não são feitos apenas de libido, que as decisões vitais afetam a pessoa em seu todo, e esse todo carrega a inteligência como elemento inerradicável.

Sexualidade e individualidade

Mas o desenvolvimento da pessoa não é apenas uma ampliação por apropriação: é também uma diferenciação que implica eliminação do alheio, do exterior, do "inautêntico".

Seu destino é uma singularidade e uma unicidade que em nada se confundem com o isolamento. Realizada na relação interindividual, a construção do *eu* é também a construção do outro; é a sua diferenciação recíproca e dialeticamente complementar que permite a sua articulação.

O ponto de partida da relação eu-outro é a simbiose, estado de fusão do *eu* ainda inexistente num outro também inexistente. Simbiose fetal, simbiose alimentar, simbiose afetiva constituem as etapas mais arcaicas da pessoa. Um longo e lento processo reduzirá esse estado fusional que será periodicamente restabelecido pela sexualidade, durante os momentos passionais do enamoramento.

A comunicação humana tem, portanto, uma origem e um destino, e dois padrões: o contágio afetivo imediato, fusional, empático e a refinada articulação possibilitada pelo recorte que dá aos dois pólos a nitidez sobre si mesmos.

Essa diferenciação é laboriosa, precária, dolorida, mas o requinte do produto a que leva resgata o conflito que é o seu mecanismo constitutivo.

Diferentes momentos do processo darão a ele diferentes conteúdos: "isto sou eu, isto não sou eu"; "este é o meu querer, este é o seu querer"; "isto é o que eu penso, isto é o que você pensa". Recorte corporal, recorte afetivo, recorte cognitivo: o mesmo processo, ao se refazer em outro plano, leva a batalha interpessoal para novos campos.

Quando a puberdade e a exacerbação pessoal que ela provoca ocorrem em um ambiente cultural complexo e heterogêneo, o conflito se estenderá a todas as áreas do conhecimento sobre as quais se torne necessário tomar posição. Um *eu* religioso, político, ideológico, profissional, ético, estético (musical, literário etc.) precisará se constituir, e a energia solicitada é tão grande que pode não bastar, deixando muitos setores presos ao estado anterior.

Um esforço de tal monta faz da puberdade e da adolescência um momento centrípeto de auto-elaboração. Essa maneira de concebê-las dá à experiência sexual precoce um tom de antecipação sobre si mesma. Se a "economia sexual", para usar a expressão reichiana, supõe um envolvimento psicossomático, isto é, da pessoa inteira, então será preciso esperar por um acabamento mínimo da pessoa para que se torne possível a experiência sexual satisfatória.

O namoro juvenil parece freqüentemente corroborar essa hipótese: as longas confidências trocadas, os intermediários que parecem cumprir a função de manter entre os parceiros certa distância cautelosa. Mais do que exercer diretamente a sexualidade, parece ser função da adolescência nas culturas heterogêneas e complexas, dar acabamento ao *eu*, o que é sinônimo de dar expansão ao *eu*. Assim, a tarefa evolutiva é de ordem afetiva em sentido geral, mais do que sexual em sentido estrito.

Se isso for verdadeiro, a incumbência adulta principal deve ser entendida como uma contribuição para o alargamento da pessoa, que se faz, nesse momento, no plano do conhecimento.

Eis a escola recolocada em sua função cognitiva, agora recoberta de um sentido novo, e confrontada com a tarefa de ensinar a sujeitos que se supõe interessados, acima de tudo, em si mesmos. Como fazer com que aprendizes mergulhados na subjetividade se interessem pelo conhecimento?

Adolescência e conhecimento

Para ensinar adolescentes é preciso transformar o conhecimento em caso pessoal, fazer o que proponho chamar de "subjetivação do conhecimento". E muitas vias se abrem na busca de realização desse propósito.

A primeira e mais óbvia é a criação de uma vinculação interpessoal entre professores e alunos, suscetível de contaminar o conteúdo que aqueles representam.

A diferenciação ainda inacabada nessa fase entre sujeito e objeto justifica a suposição de que um elo positivo com o professor de matemática, por exemplo, tende a criar uma disposição positiva em relação à matemática, e assim por diante. Realizar a tarefa surge, então, como uma forma de presentear alguém amado.

Outra possibilidade, provavelmente a que tem sido mais explorada, aponta para a busca de vinculação entre o conteúdo proposto e a vida cotidiana do aprendiz. É uma forma de "personalização" do ensino que implicitamente admite como correta a concepção de Ortega y Gasset (1983) de que conhecer algo é saber o que esse algo tem a ver "comigo", com aquele que conhece.

Um procedimento que poderia ser chamado de histórico-psicológico é uma outra possibilidade. A partir da constatação de que todas as leis e princípios científicos que se apresentam agora como abstratos e impessoais foram o resultado da descoberta pessoal de alguém, de algum cientista específico, trata-se de um ensino que apresente os problemas como questões que se colocaram em algum momento para alguém e resultaram em um *insight*; induzindo a identificação do aprendiz com o investigador, poderia levá-lo a acompanhar e reconstruir como sua a descoberta. Em um texto fascinante, o psicólogo gestaltista Wertheimer (1959) refaz ficcionalmente, e com tanta clareza, as etapas que conduziram o pensamento de Galileu à descoberta do princípio da inércia, que torna obrigatório ao leitor, a partir da constatação dos fatos da aceleração negativa no lançamento dos corpos e da aceleração positiva crescente na queda, concluir pela existência de uma aceleração zero, e, por conseguinte, chegar com Galileu à estranhíssima e antiintuitiva idéia de que os corpos lançados no plano rolariam para sempre.

O mesmo procedimento pode ser facilmente concebido para o ensino dos fatos históricos, resultado da ação de personagens reais.

Essa digressão de natureza didática parece nos levar para longe do tema original, a sexualidade. Mas ela reflete a constatação, que se torna cada vez mais clara, de que a escola é, na verdade, o espaço da não-sexualidade, e que a sua função específica é a de retirar dela a energia para a construção do *eu*.

Analogamente, o problema da puberdade e da adolescência inicial não é estritamente o de dar destino às pulsões biológicas: é o de definir uma individualidade que se constrói, nesse momento, por expansão cultural e exige, por isso, um enorme investimento nessa direção, um grande esforço sublimatório.

À mesma conclusão chega, por um caminho diferente, o psicólogo de base psicanalítica Erik Erikson, autor indispensável a quem quiser compreender a adolescência.

A adolescência como busca da identidade

Por meio de uma psicogenética de cunho fortemente social e antropológico, Erikson (1976) descreve a trajetória da construção da identidade ao longo de uma sucessão de conflitos que lembram as façanhas dos heróis míticos. As "oito idades do homem" fazem pensar nos "doze trabalhos de Hércules", tal a dificuldade das tarefas genéticas que lhe são postas. Ascender à confiança básica, à autonomia, à iniciativa, à "industriosidade" (produtividade), à identidade pessoal, à intimidade, à generatividade e à integridade do *eu* são prodígios que dependem, é verdade, do concurso do ambiente, isto é, da presença nele de personagens que tenham elaborado bem os seus próprios temas.

Essa bela e sugestiva concepção da psicogênese que vai do nascimento à morte sugere que o ponto mais alto da constituição do *eu* corresponde à aceitação do seu próprio limite, a morte.

À adolescência cabe a difícil tarefa de encontrar um núcleo de permanência, de estabilidade em si mesmo: a identidade. Ameaçada de dispersão pela fragmentação do *eu* nos múltiplos papéis que lhe são impostos nas sociedades complexas, a desesperada busca de si mesmo pelos jovens pode produzir manifestações inquietantes.

48

Para Erikson, o namoro juvenil está a serviço dessa busca, mais do que da efetivação direta da sexualidade. Nos bilhetes, nas confidências, nos descobrimentos recíprocos que correspondem à descoberta de si, os dois parceiros desempenham o papel de espelhos respectivos. A moratória juvenil, o *sursis* parece ser também uma moratória sexual, um adiamento necessário à autoconstrução.

A utopia sexual eriksoniana é de natureza muito intimista e extraordinariamente exigente. Ela supõe a escolha de um parceiro com o qual se estaria disposto a conviver, trabalhar, brincar, procriar, educar a prole. Trata-se de algo que exige um alto grau de diferenciação pessoal, uma elaborada construção de si mesmo e supõe, por conseguinte, condições sociais e educacionais irrealizadas.

A realização plena da sexualidade humana vislumbrada por Erikson requer o seu adiamento para além do sinal meramente biológico da sua possibilidade. Para ele, como também para Wallon, a relação entre sexualidade e cultura se apresenta como recíproca: o exercício pleno da sexualidade supõe um processo de natureza social e cultural. Se é verdadeira a afirmação freudiana de que a cultura se alimenta de energia retirada à sexualidade, aqui a recíproca é também verdadeira.

Sexualidade e escola

As duas vias, empírica e teórica, levam à conclusão de que a escola é o espaço da não-sexualidade. Não apenas nela vigora, explícita ou implicitamente, a interdição a qualquer manifestação da sexualidade juvenil, como também dela emanam, inevitavelmente, recomendações tendentes ao adiamento do seu exercício.

A ambígua educação sexual que ainda não conseguiu, nem sequer em nível de informação, introduzir-se generalizadamente no espaço escolar, hesita ainda mais em assumir um caráter de verdadeira "orientação sexual".

Tanto Wallon quanto Erikson nos encaminham à conclusão de que o problema maior da adolescência é o da construção da própria individualidade, quadro geral no qual se inscreve a sexualidade.

Por outro lado, a observação do cotidiano escolar indica que a instituição escolar entre nós, de maneira geral, é tão hostil às manifestações da individualidade quanto às da sexualidade.

Isso ocorre desde os anos em que se constituem as bases do *eu* até os anos pubertários e juvenis em que ele se amplia e fortalece. As instituições de educação infantil, creches e pré-escolas adotam, com freqüência, procedimentos despersonalizadores que fazem lembrar os das instituições totais descritas por Goffman (1969): uniformes, filas, horários impessoais para realizar todas as atividades, ausência ou indução de objetos pessoais, a mediação permanente do adulto que distribui, sempre de maneira impessoal, material lúdico e de trabalho. Espaços vazios, impessoais, neutros: ainda é essa a paisagem dominante.

A escola primária mantém o aspecto de platéia de cinema, com todas as carteiras voltadas para o cenário da ação do professor: o pressuposto é que a classe é o lugar onde todos fazem sempre a mesma coisa, durante o mesmo tempo. A possibilidade de diferentes atividades ocorrendo simultaneamente, em um mesmo espaço, parece assustar os educadores, numa curiosa amnésia histórica que perdeu de vista a antiga prática de incluir várias etapas da escolaridade primária em uma mesma classe.

A discussão em torno da "heterogeneidade escolar" se apresenta como uma novidade inquietante, sem dar lugar de imediato ao que parece constituir o seu corolário inevitável: a heterogeneidade de atividades simultâneas.

Se entendermos que a função da escola é construir individualidades (identidades), e é dessa maneira indireta que dará sua contribuição ao amadurecimento da sexualidade juvenil, uma enorme transformação precisa ser realizada no seu interior.

Intimidade é ainda um componente inteiramente ausente na concepção de escola. Toda ela está concebida em torno da situação pública da sala de aula, como se a idéia de "social" se confundisse com a de "coletivo", e a dualidade escapasse daquela noção. Os horários de permanência dos professores supõem sempre reuniões pedagógicas de planejamento ou de "formação continuada", sem dúvida necessárias, mas que excluem quase sempre a possibilidade de encontros interindividuais. E, no entanto, é fácil constatar que muitas das dificuldades do cotidiano escolar, quer de ensino, quer disciplinares, não se resolvem no espaço coletivo, exigindo um tratamento privado.

Provavelmente, um dos maiores talentos necessários para lidar com adolescentes é a capacidade de ouvi-los, de entrevistá-los empaticamente. Quando isso acontece, fluem opiniões surpreendentes, sugerindo que a imagem do "adolescente superficial" é, ela própria, uma visão superficial. Na intimidade, gera-se a cumplicidade, forjam-se as alianças. Inexplicavelmente, ela se mantém quase clandestina na escola, circunscrita ao gabinete (aliás, em processo de extinção) da orientação psicológica.

Zonas de liberdade para o uso do tempo e do espaço escapam também ao nosso imaginário. Soa como utopia delirante a idéia de uma escola de tempo integral que reservasse uma parte do tempo à livre utilização dos equipamentos: biblioteca, ludoteca, quadras, filmoteca, laboratórios. Lazer e escola parecem tão incompatíveis como sexualidade e escola.

Em suma: se utilizarmos uma concepção da psicogênese, como a walloniana, que supõe a reciprocidade da construção das duas dimensões (afetividade, em que se insere a sexualidade, e inteligência), então será necessário concluir que a melhor contribuição da escola consiste no exercício competente da sua própria função, que é cognitiva. Cabe-lhe realizar o adequado manejo das condições afetivas do desenvolvimento das inteligências, assim como dar lugar, no plano das relações interpessoais, para o exercício das possibilidades novas.

Afinal de contas, a utopia sexual, como a concebida por Erikson, supõe não apenas condições históricas e sociais, mas também um desenvolvimento pessoal muito avançado.

Bibliografia

ERIKSON, E. (1976) *Identidade, juventude e crise*. Rio de Janeiro: Zahar.
——— (1972) *Infância e sociedade*. Rio de Janeiro: Zahar.
FREUD, S. (1978) O mal-estar na civilização. In: *Os Pensadores*. São Paulo: Abril, pp.129-194.
GOFFMAN, E. (1969) *Manicômios, prisões e conventos*. São Paulo: Perspectiva.
ORTEGA Y GASSET, J. (1983), *Obras completas*. Madri: Alianza
REICH, W. (1969) *A revolução sexual*. Rio de Janeiro: Zahar.
WALLON, H. (1995) *As origens do caráter*. São Paulo: Nova Alexandria.
WERTHEIMER, M. (1959) *Productive thinking*. Nova York: Harper.

A sexualidade e o processo educativo: uma análise inspirada no referencial reichiano

Paulo Albertini*

O médico e psicanalista austríaco Wilhelm Reich (1897-1957), homem de vida intensa e múltiplos interesses científicos, é freqüentemente identificado pelo importante papel que atribuía à sexualidade como fator determinante do comportamento humano.

Além de ter seu nome associado ao estudo da sexualidade, Reich, em escala menor, é também conhecido por alguns outros empreendimentos científicos que realizou. Dentre esses destacam-se: a contribuição para a sistematização e o desenvolvimento da técnica de análise psicanalítica, a construção de sua própria técnica terapêutica e a articulação teórica entre o marxismo e a psicanálise.

Porém, são quase desconhecidas suas idéias endereçadas a uma outra área do saber humano que, particularmente neste trabalho, nos interessa mais de perto: a educação. Apesar desse desconhecimento, um olhar cuidadoso nos escritos desse autor permite constatar a existência de alguns artigos inteiramente dedicados à esfera educacional, além de reflexões esparsas sobre essa matéria por toda obra.

Assim, por enquanto, afirmamos ser possível constatar nos estudos reichianos duas temáticas afinadas com o assunto deste livro: uma concepção clara a respeito do papel da sexualidade no comportamento humano e uma série de idéias vinculadas à área educacional.

Feito o registro da existência desse conteúdo na obra de Reich, podemos explicitar que o objetivo maior deste trabalho consiste em abordar os assuntos sexualidade e educação a partir de algumas diretrizes que compõem o pensamento desse autor. Deixamos claro que não se trata de sintetizar o que Reich disse sobre essas duas matérias, o que por si só demandaria uma imensa tarefa, mas sim de situar o leitor no universo reichiano e, a

---

*Psicólogo, mestre e doutor em Psicologia pelo Instituto de Psicologia da USP, onde é professor da graduação e pós-graduação. É também autor de *Reich: história das idéias e formulações para a Educação* (Ágora, 1994).

partir daí, refletir, problematizar, indicar determinados desenvolvimentos de idéias e, se possível, sugerir certas formas de intervenção educativa escolar.

Qual o caminho que trilharemos para cumprir esse objetivo?

Tendo clareza de que Reich desenvolveu suas idéias a partir da matriz psicanalítica, de início a focalizaremos. Faremos isso por meio de uma aproximação entre o pensamento freudiano e o humanismo do Renascimento, a nosso ver uma importante fonte da visão psicanalítica de homem. Após essa viagem histórica pelo "humanismo psicanalítico", abordaremos, num segundo momento, as concepções reichianas propriamente ditas. Encerra este estudo um tópico conclusivo, no qual procuraremos tecer algumas considerações sobre a sexualidade no processo educativo.

A psicanálise e o humanismo renascentista[1]

Como se sabe, o período histórico compreendido pelos séculos XV e XVI foi marcado por profundas transformações sociais, econômicas, políticas e religiosas: a definitiva passagem da economia à base de troca para a economia monetária, o florescimento do comércio, a organização do sistema bancário, as grandes navegações e descobrimentos, o desenvolvimento das cidades, a perda por parte da Igreja do monopólio de explicação dos fenômenos naturais e humanos, o declínio do poder dos senhores feudais e da Igreja. Em suma, nasce o capitalismo comercial. A revolução burguesa veio alterar radicalmente a ordem feudal.

E quanto ao mundo das idéias? Neste, o humanismo burguês, produto da revolução em curso, se contrapôs à ideologia presente na Idade Média. Qual o conteúdo básico dessa ideologia medieval combatida?

Em linhas gerais, essa forma de pensar, postulada e propagada pela Igreja Católica pregava: a submissão do homem à vontade de Deus e a seus intérpretes e representantes na terra, o clero; uma vida ascética, basicamente antiinstintual e inimiga do prazer mundano; o pouco valor da vida na terra, posto que a verdadeira vida seria a eterna, no céu ou no inferno, de acordo com a bondade ou maldade praticadas na terra; as revelações divinas como o principal caminho para o acesso ao conhecimento.

Tendo como fonte inspiradora a cultura da Antiguidade clássica, greco-latina, os humanistas da nova ordem burguesa vão combater essa visão

---

1. Em 1975, com o intuito de fazer uma introdução ao estudo da psicanálise, o professor e psicólogo Norberto Abreu e Silva Neto escreveu um texto de aula, com uma interessante e, a nosso ver, pertinente aproximação entre a psicanálise e o movimento cultural desenvolvido nos séculos XV e XVI que "redescobriu o homem": o Humanismo. O trabalho de Norberto Abreu tem como fonte bibliográfica principal o artigo *The humanistic wellspring of psychoanalysis,* do psicanalista Richard F. Sterba (1974). Este tópico do nosso trabalho acompanha a perspectiva teórica desses estudos.

teocêntrica da era medieval por meio da afirmação do valor do homem, da crença em suas possibilidades e capacidades. Dentre essas, é especialmente enfatizada *a razão* como faculdade diretora da ação humana.

Com o fim do monopólio do saber por parte da Igreja, surge a ciência moderna, o produto mais nobre da razão, com suas regras fundamentadas na observação e na experimentação. Agora tudo se torna passível de análise científica, até as "verdades eternas" sedimentadas pela tradição e obtidas via revelação divina. O homem deixa de estar apenas submetido às leis da natureza; agora ele é uma parte dela que busca, por meio do conhecimento científico, intervir na mesma.

Pode-se dizer que um elemento característico do Renascimento foi o grande movimento de expansão dos limites humanos: expansão do comércio, da comunicação via imprensa escrita, da mobilidade territorial com as grandes viagens marítimas, e da própria razão humana com a libertação da necessidade de confirmação dos dogmas religiosos.

Lançando mão do conceito reichiano de pulsação, que supõe a existência de uma alternância entre os movimentos de contração e expansão, podemos afirmar que é como se o homem, depois de muitos séculos preso a um estado de contração, experimentasse, com o Renascimento, a necessária e intensa volta ao movimento de expansão.

Além do direito a uma racionalidade liberta de amarras dogmáticas, os humanistas vão reivindicar o direito *à hedoné,* ao *prazer*, com toda sua gama de fruição corporal e sensual. Assim, em vez de uma vida permeada pela idéia do pecado e "voltada para o céu", como no medievo, a nova filosofia proclama o reencontro com a alegria de viver, com a boa vida na terra.

Contudo, o humanismo não sugere a libertação pura e simples do mundo dos instintos corporais prazerosos. O que há nessa filosofia é uma confiança no homem, na sua capacidade de fluir e administrar, com moderação e controle, a sua natureza instintiva. Assim sendo, esse ser teria possibilidade de conviver, como sujeito e não apenas como objeto, com a sua porção instintiva interna. Estava, dessa forma, aberto o caminho para a superação da profunda desqualificação que a dimensão corporal humana experimentou na época medieval.

Este tópico está baseado na concepção de que o humanismo pode ser considerado como uma importante fonte de idéias da psicanálise. Para trazer um pouco do conteúdo dessa filosofia antropocêntrica e do contexto social em que ela se desenvolveu, empreendemos uma breve viagem rumo aos séculos XV e XVI. Cabe agora uma pequena incursão na psicanálise para, em seguida, explicitarmos as aproximações teóricas que podem ser estabelecidas entre o humanismo renascentista e a construção freudiana.

A psicanálise: a ciência do inconsciente

Em termos globais, a psicanálise pode ser entendida como a ciência que supõe a existência de processos e conteúdos psíquicos inconscientes. Assim sendo, nos primeiros anos da investigação freudiana, o problema fundamental era o de encontrar um método adequado que propiciasse o acesso ao conteúdo dessa instância psíquica.

A investigação chega a bom termo com a descoberta do método de associação livre que, *grosso modo*, implica a orientação para que o analisando verbalize tudo que lhe vem à mente. Estabelecidos esse e outros recursos técnicos auxiliares, pode-se dizer que Freud organizou o consultório psicanalítico como um verdadeiro "laboratório de pesquisa" do inconsciente.

Mesmo aceitando o fato de que a própria organização dos recursos técnicos facilitadores da análise, o chamado *setting* psicanalítico, já sugere um determinado saber sobre o funcionamento psíquico humano, é válido presumir que a partir dessa estruturação técnica Freud pôde aprofundar, em décadas de trabalho, seus conhecimentos sobre o homem. Dito isso, cumpre indagar: o que o clínico e o cientista Freud descobriu a respeito do ser humano nesse "laboratório" psicanalítico?

Não resta dúvida de que os achados freudianos são múltiplos e abrangem várias áreas da dimensão humana. Por exemplo: a importância das motivações inconscientes, a ocorrência de uma sexualidade infantil espontânea, a relevância dos primeiros anos de vida para a estruturação da personalidade, o papel dos sonhos na vida psíquica, a concepção de religião como uma construção ilusória humana, o antagonismo básico entre o livre desenvolvimento da sexualidade e a civilização. De forma global, pode-se afirmar que Freud descobriu a existência de um ser complexo, muito mais complexo que a psicologia científica do século XIX, centrada na idéia de consciência, podia imaginar.

Essa complexidade estava também associada a um outro achado psicanalítico essencial: a existência de tendências internas opostas na psique humana. Assim, por exemplo, uma tendência no sentido da realização de um desejo egoísta colidia com uma outra, ligada a valores éticos do próprio sujeito. Ou seja, Freud revelou a presença do *conflito psíquico* não como um mero visitante esporádico, mas como um componente inevitável e fundante do homem.

O humanismo na psicanálise

O que a abordagem freudiana sobre o homem tem em comum com o humanismo renascentista? Tem em comum a esperança na razão humana, a esperança de que ela possa, mesmo que com enormes dificuldades, conciliar as várias demandas internas do sujeito e propiciar o seu desenvolvimento.

Essa confiança nos poderes da razão aparece, por exemplo, no artigo *O futuro de uma ilusão,* no qual Freud (1970d, p.68) declara cabalmente: "A voz do intelecto é suave, mas não descansa enquanto não consegue uma audiência. Finalmente, após uma incontável sucessão de reveses, obtém êxito. Esse é um dos poucos pontos sobre o qual se pode ser otimista a respeito do futuro da humanidade, e, em si mesmo, é de não pequena importância. E dele se podem derivar outras esperanças ainda. A primazia do intelecto jaz, é verdade, num futuro muito distante, mas, provavelmente, não num futuro *infinitamente* distante (grifo do autor)".

É importante não deixar de observar que uma declaração de confiança desse tipo é extremamente rara em Freud, um pensador conhecido por seu "pessimismo conceitual" e por suas, críticas mordazes a qualquer concepção que tente, de forma ilusória, minimizar as dificuldades inerentes à condição humana.

Por outro lado, deve-se notar que, assim como no humanismo renascentista, essa confiança no potencial da razão não implica uma negação da dimensão instintiva e animal do homem. O que há no modelo freudiano é um investimento na possibilidade de realização, pelo menos em parte, desses componentes pulsionais sob a organização das faculdades racionais humanas.

Essa perspectiva, de valorizar tanto a razão quanto a dimensão mais instintiva humana, aparece de forma clara, por exemplo, nas conferências que Freud (1970b) pronunciou sobre a psicanálise na Clark University, nos Estados Unidos, em 1909. Nessa ocasião, ele concluiu a última conferência avaliando os possíveis riscos que a psicanálise poderia representar para a civilização. O temor que Freud procurava analisar localizava-se no fato de o tratamento psicanalítico libertar os desejos humanos inconscientes. Isso poderia significar algum risco para a cultura?

Como era de esperar, sua resposta é no sentido negativo. A seu ver, seriam três os destinos possíveis para os desejos tornados conscientes. Em um, o mais freqüente, os desejos libertos seriam dominados pelo sujeito por meio de seus "recursos superiores". Neste caso, o recalque seria substituído pelo *julgamento de condenação* consciente. Um segundo destino possível seria o deslocamento da energia do desejo para um outro alvo socialmente valorizado. A esse processo Freud dá o nome de *sublimação.* Um último destino seria o da *satisfação direta* do desejo liberto.

Pelo menos um aspecto desse mapeamento merece registro: no primeiro destino, o mais freqüente, fica evidente o relevante papel atribuído por Freud aos aspectos racionais humanos, responsáveis pelo julgamento de condenação consciente. Por outro lado, na seqüência do texto, marcando a importância da satisfação prazerosa, o autor chama a atenção para o fato de que nem tudo pode ser controlado pelas forças superiores ou sublimado. Uma parte dos desejos libidinais[2] tem de encontrar satisfação direta

---

2. Num artigo de 1921, intitulado *Psicologia de grupo e análise do ego,* assim Freud define a libido: "... expressão extraída da teoria das emoções. Damos esse nome à energia, considerada como uma magnitude quantitativa (embora na realidade não seja presentemen-

e o cerceamento dessa forma de satisfação pode acarretar prejuízos funcionais ao indivíduo. Vejamos esse entendimento no próprio texto freudiano. "Certa parte dos desejos libidinais reprimidos faz jus à satisfação direta e deve alcançá-la na vida. As exigências da sociedade tornam o viver dificílimo para a maioria das criações humanas, forçando-as, com isso, a se afastarem da realidade e dando origem às neuroses, sem que o excesso de coerção sexual traga maiores benefícios à coletividade. Não devemos nos ensoberbecer tanto, a ponto de perdermos completamente de vista nossa natureza animal, nem nos esquecer, tampouco, que a felicidade individual não deva ser negada pela civilização." (1970b, p.50)

Focalizando especificamente a terapia psicanalítica, Abreu e Silva Neto, tendo por base idéias do psicanalista Richard F. Sterba, argumenta a favor da vinculação da psicanálise ao humanismo da seguinte forma:

"O objetivo da terapia seria a suspensão da repressão para que os desejos pudessem ser aceitáveis, incorporados e integrados pelo ego, cuja função seria a harmonização (moderação e controle) entre as diferentes divisões e estruturas da psique em estado de conflito. A harmonização ou o estabelecimento do estado de equilíbrio através da razão era a maior realização humana de acordo com a ideologia humanística." (1975, p.2)

Retomando conteúdo já exposto, dissemos que o humanismo renascentista bradava contra o cerceamento da realização prazerosa do homem, postulando a "boa vida" na terra, e acreditava, acima de tudo, até do Deus medieval, no potencial da razão como princípio diretor da ação humana. Dito isso, podemos concluir este tópico afirmando que a psicanálise freudiana tem raízes humanistas, no sentido do importante valor que atribui tanto aos aspectos racionais quanto aos componentes instintivos do homem. Para essas duas concepções de mundo, o prazer é fundamental, mas deve ser vivido sob a organização da razão humana.

Passemos agora a focalizar mais um elo nessa corrente histórica: o pensamento reichiano, um dos frutos gerados dentro da matriz freudiana.

Reich e a positividade do desejo

Wilhelm Reich participou do movimento psicanalítico por cerca de 14 anos, num período compreendido entre as duas Grandes Guerras Mundiais. Foi formalmente aceito em 1920, ainda bastante jovem, aos 23 anos de idade, e permaneceu até 1934 quando, por razões de diversas ordens, políticas, teóricas e pessoais, foi expulso da Associação Psicanalítica In-

---

te mensurável), daqueles instintos que têm a ver com tudo o que pode ser abrangido sob a palavra 'amor'. O núcleo do que queremos significar por amor consiste naturalmente (e é isso que comumente é chamado de amor e que os poetas cantam) no amor sexual, com a união sexual como objetivo. Mas não isolamos disso — que, em qualquer caso, tem sua parte no nome 'amor' —, por outro lado, o amor-próprio, e, por outro, o amor pelos pais e pelos filhos, a amizade e o amor pela humanidade em geral, bem como a devoção a objetos concretos e a idéias abstratas" (1 970c, pp.115-116).

ternacional e passou a desenvolver suas idéias de uma forma mais independente.[3]

Mesmo com essa expulsão, Reich nunca negou a influência de Freud em sua obra; ao contrário, ele se considerava um continuador da perspectiva freudiana. Para ele, Freud teria recuado diante das pressões sociais sofridas e desviado seu caminho original de crítica cultural. A psicanálise dos anos 20, ironicamente, a época em que Reich dela participou, teria enveredado para um discurso ao mesmo tempo sofisticado e conservador.

Como é possível situar a específica inserção reichiana no movimento psicanalítico?

Ao assinalar o lugar conceitual ocupado por Reich no movimento psicanalítico, uma determinada noção não pode deixar de ser explicitada: sua visão positiva a respeito da natureza. Segundo nossa interpretação, a obra desse autor é marcada pela confiança na sabedoria da natureza, na sua competência espontânea, dadas condições favoráveis para encontrar "a boa resposta".

É necessário esclarecer que Reich usa esse conceito positivo de natureza tanto para se referir à natureza externa ao homem, natureza em geral, quanto para indicar a dimensão interna humana compreendida pelo mundo instintivo, involuntário, biológico, primário. Atentemos para a positividade dessa visão neste trecho, no qual o autor descreve o "extrato humano mais profundo":

"... na profundidade, existem e agem socialidade e a sexualidade naturais, a alegria espontânea no trabalho e a capacidade para o amor. Esse terceiro e mais profundo extrato, que representa o cerne biológico da estrutura humana é inconsciente e temido. Ao mesmo tempo, é a única esperança real que o homem tem de dominar um dia a miséria social." (Reich, 1978, pp.200-201)

Quais as principais filiações filosóficas que ajudam a compor esse otimismo conceitual reichiano?

Para traçarmos um perfil das "raízes otimistas" de Reich, particularmente associadas ao conceito positivo de natureza, temos de citar três pensadores vistos de forma favorável em seus textos. Em ordem de anterioridade histórica: Giordano Bruno (1548-1600), reformador da Igreja que morreu nas fogueiras da Inquisição por ter defendido idéias como a da alma universal que animava o mundo (a energia onipresente que Reich chamou de *orgone*?); Jean- Jacques Rousseau (1712-1778), propagador de um pensamento que pode ser caracterizado como um naturalismo utópico; e Henri Bergson (1859-1941), autor que postulou um princípio vital criador, o *élan* vital.

---

3. O leitor interessado numa análise das motivações e circunstâncias que envolveram essa expulsão pode consultar o livro de Cláudio Mello Wagner, *Freud e Reich: continuidade ou ruptura?* (Summus, 1996).

É óbvio que essa concepção basicamente positiva de Reich entrará em rota de colisão com postulações centrais do enfoque freudiano. Assim, por exemplo, Reich não aceitará a hipótese de uma pulsão (algo primário, natural) auto e heterodestrutiva no homem, representada pela noção de pulsão de morte freudiana.[4]

E quanto ao humanismo renascentista? Como situar a específica vinculação de Reich com esse movimento filosófico?

Dos dois aspectos do humanismo explicitados neste texto, o prazer e a razão, Reich vai lutar, com toda sua força, pela possibilidade de o prazer ser vivido da forma mais plena possível. A seu ver, sem uma vida satisfatória, o homem se torna destrutivo e a razão não consegue funcionar a contento. Em linhas gerais, pode-se dizer que Reich encontrou uma lógica fundamental no mundo instintivo, fonte maior dos prazeres humanos, e, de acordo com a nossa percepção, uma espécie de racionalidade instintiva.

Na seqüência deste trabalho, tais pontos básicos da visão de homem reichiana serão novamente abordados. Passemos agora a focalizar o tema que nos interessa mais de perto: a sexualidade na visão reichiana.

O que Reich realmente focalizou na ampla matéria denominada sexualidade, e quais seus principais achados?

Antes de tudo, qualquer tentativa nesse sentido não deve deixar de registrar um fato básico. Ao contrário da maioria dos membros do movimento psicanalítico, Reich não deparou com o tema da sexualidade por causa da sua entrada na psicanálise. Ocorreu exatamente o oposto, ele se vinculou ao círculo psicanalítico, dado o seu interesse anterior pelo assunto. Assim sendo, não é de se estranhar que se tenha dedicado especialmente ao estudo desse tema na psicanálise.

De início, deve-se registrar que Reich partiu de uma observação efetuada como analista de adultos. Essa observação mostrava que os pacientes que iam conseguindo estabelecer vínculos amorosos/sexuais em sua vida apresentavam, também, melhoras em seu estado e se tornavam mais imunes ao retorno de sintomas neuróticos já trabalhados na análise.

Por outro lado, um outro dado de realidade chamava sua atenção: enquanto alguns pacientes apresentavam melhoras com o desenvolvimento da análise e a progressiva presença de uma vida amorosa, outros, mesmo tendo uma vida sexual considerada normal, não apresentavam o mesmo grau de melhora. O que estaria ocorrendo? Como explicar a diferença entre esses dois grupos?

---

4. No livro *Vocabulário da psicanálise*, os autores Laplanche e Pontalis (1983, p.528) assim definem pulsão de morte: "No quadro da última teoria freudiana das pulsões, designa uma categoria fundamental de pulsões que se contrapõem às pulsões de vida e que tendem para a redução completa das tensões, isto é, tendem a reduzir o ser vivo ao estado anorgânico. (...) Voltadas inicialmente para o interior e tendentes à autodestruição, as pulsões de morte seriam secundariamente dirigidas para o exterior, manifestando-se então sob a forma de pulsão agressiva ou destrutiva".

Atento ao comportamento sexual dos pacientes, tanto do seu consultório particular quanto da Clínica Psicanalítica de Viena,[5] Reich procurava ampliar o pouco que se sabia, em termos científicos, nessa área. Observou, por exemplo, que nem sempre a ejaculação masculina implicava fortes sensações prazerosas; muitas vezes, essa sensação era bastante tênue. Percebeu, também, que o ato sexual podia gerar, além do prazer, sensações de ansiedade e angústia. Ou seja, Reich constatou um fato aparentemente óbvio: a capacidade de realização do ato sexual não implica capacidade de obtenção de satisfação sexual.

A partir dessa diferenciação, ele hipotetizou que os pacientes que apresentavam as mudanças mais significativas e duradouras eram justamente os que iam conseguindo, com a ajuda da análise, estabelecer uma vida amorosa satisfatória, prazerosa, orgástica. Esse mesmo grau de melhora e imunidade à recaída já não acontecia com os demais pacientes. Essa hipótese é o ponto de partida da chamada teoria do orgasmo reichiana.[6]

Em linhas gerais, essa teoria vai postular que a *satisfação sexual direta*[7] consegue descarregar maior quantidade de libido, isso em comparação à satisfação obtida via sublimação. Essa maior descarga, além de produzir as mais intensas experiências de prazer, evita a formação de um grande acúmulo de energia, a estase da libido. A longo prazo, dependendo das condições de suporte do indivíduo e de sua capacidade de sublimação, essa libido acumulada, não expressa, pode regredir a pontos frágeis do seu desenvolvimento, potencializando-os, e, com isso, ocasionando um afastamento da realidade.

Em outras palavras, o bom funcionamento psíquico depende de uma *boa economia energética*, um equilíbrio satisfatório para o indivíduo entre as quantidades de energia disponível e de satisfação alcançada. Para Reich, assim como para Freud, só algum grau de prazer consegue manter o indivíduo na realidade. Uma vida não realizadora dos desejos em alto grau propicia condições para o estabelecimento das mais variadas formas de (psico)patologia.

O conceito central da teoria do orgasmo é o de *potência orgástica,* o qual Reich emprega para indicar a capacidade de envolvimento e entrega total da pessoa no encontro amoroso. Essa entrega geraria, no clímax

---

5. O leitor pode encontrar detalhes sobre essa Clínica Psicanalítica nas páginas 71 e 72 do livro *A função do orgasmo* (Reich, 1978).

6. Ver o desenvolvimento completo dessa teoria reichiana no capítulo 4 de *A função do orgasmo* (Reich, 1942).

7. De forma semelhante, num artigo de 1908 denominado *Moral sexual "civilizada" e doença nervosa moderna*, Freud também salientou a importância da satisfação sexual direta para a saúde da maioria dos indivíduos: *"Para a grande maioria das organizações parece ser indispensável uma certa quantidade de satisfação sexual direta, e qualquer restrição dessa quantidade, que varia de indivíduo para indivíduo, acarreta fenômenos que, devido aos prejuízos funcionais e ao seu caráter subjetivo de desprazer, devem ser considerados como uma doença."* (Freud, 1970a, pp.193-194)

orgástico, movimentos corporais involuntários e uma leve e momentânea perda de consciência. Dada a presença de movimentos involuntários, Reich (1975, pp.216-217) fala de reflexo orgástico ou, ainda, de convulsão orgástica. Vejamos uma das primeiras descrições desse processo:

"O orgasmo é, primariamente, a expressão de um abandono de si, sem inibição, em direção ao parceiro. A libido do corpo inteiro flui através dos genitais. O orgasmo não pode ser considerado completamente satisfatório se for sentido apenas nos genitais; movimentos convulsivos de toda a musculatura e uma leve perda da consciência são atributos normais e indicação de que o organismo como um todo teve participação." (Tradução nossa)

Sobre esse processo orgástico, alguns pontos merecem ser comentados.

Em primeiro lugar, não é correto supor a existência de "indivíduo potente", pois Reich está focalizando um potencial humano, o potencial orgástico, que é dependente tanto do desenvolvimento pessoal quanto de um encontro satisfatório com o outro. Nesse sentido, o que há são encontros potentes, encontros nos quais a dimensão erótica, emocional e inconsciente presente favorece a expressão sexual dos amantes.

Se não existe sujeito potente isoladamente, não há também a garantia de um encontro sempre potente. Isso porque o encontro realizador pode ocorrer numa fase do relacionamento e não ocorrer em outra, dada a incontrolável dinâmica, tanto dos indivíduos quanto dos relacionamentos humanos.

Por outro lado, é importante dizer que o orgasmo não pode ser ensinado ou aprendido via informação consciente. Para Reich, sua atualização depende de uma capacidade de entrega, de presença, que abrange a esfera emocional e inconsciente do homem. Esse fato elimina a possibilidade de sucesso de qualquer espécie de manual de "técnicas de gozo".

Investigando as características do processo orgástico, Reich observou a ocorrência de um mesmo padrão básico de funcionamento. Em termos gerais, esse padrão implica uma tensão que aumenta, atinge um auge e é descarregada, gerando um relaxamento corporal. Uma vez que a forma do gráfico de tensão compreende um momento ascendente, um platô e outro momento descendente, o processo total acabou ficando conhecido pelo nome de *curva orgástica*. Visando representar esquematicamente essa seqüência de estados corporais e energéticos, Reich postulou uma fórmula de quatro tempos: TC-DR (tensão corporal-carga energética — descarga energética-relaxamento corporal). Essa fórmula foi batizada com o nome de *fórmula do orgasmo*.

De início, esse funcionamento básico foi observado no estudo do orgasmo genital, porém, na seqüência dos trabalhos, Reich percebeu que esse modelo podia propiciar a leitura de fenômenos de outras esferas da vida, não especificamente sexuais. Assim, por exemplo, na divisão celular, uma célula com alta tensão interna divide-se em duas e, com isso,

62

restabelece seu equilíbrio energético. A partir dessa percepção, Reich passa a afirmar que a fórmula do orgasmo é a *fórmula da vida*.

Não se assustando com a magnitude das expressões usadas por Reich (fórmula do orgasmo, fórmula da vida), é importante notar que ocorre na abordagem desse autor uma clara aproximação entre o domínio usualmente entendido como sexual e os demais âmbitos da vida. Assim, por exemplo, no livro *O assassinato de Cristo* (1982, p.32), ele afirma:

"O *abraço natural*[8] pleno assemelha-se a uma escalada; ele não se distingue essencialmente de qualquer atividade vital, importante ou não. Viver na plenitude é se abandonar ao que se faz. Pouco importa que se trabalhe, que se fale com amigos, que se eduque uma criança, que se escute uma conversa, que se pinte um quadro, que se faça isso ou aquilo." (Grifo nosso.)

Cabe destacar uma idéia presente nessa citação de *O assassinato de Cristo* que, segundo nossa interpretação, perpassa toda a obra desse autor. Trata-se do que denominamos de *ética da intensidade*. Ou seja: o paraíso, o prazer, o orgasmo, está reservado para quem consegue se entregar. Nesse sentido, a vida só pode ser realmente vivida com plena presença.[9]

Inspirado no modelo da curva orgástica e objetivando ilustrar a amplitude de leitura que esse modelo possibilita, imaginemos uma situação em que um amigo vai encontrar outro que há muito tempo não vê. Com saudade do amigo distante, o nosso personagem aguarda com expectativa o dia do encontro. Finalmente o dia combinado chega e eles se vêem. A conversa flui com facilidade, o tempo passa rapidamente e eles nem percebem. Após terem falado, trocado, brincado, os assuntos vão se esgotando, o encontro está chegando ao fim. Os amigos se despedem e, com ar de satisfação, voltam para suas vidas.

Nosso exemplo também permite um outro desenlace. No dia combinado, eles se encontram, conversam mas, por algum motivo que não conseguem identificar, a conversa não flui, não se desenvolve. O tempo passa com dificuldade e eles percebem isso. Já está na hora cronológica de ir embora, mas o ciclo não se completou ainda. Eles se despedem e, na verdade, vão embora com dificuldade.

Baseados em Reich, podemos inferir que o primeiro encontro foi orgástico, pois o potencial erótico foi atualizado. Houve troca, prazer, uma mudança de estado, e a saudade, pelo menos por enquanto, não se faz mais presente. Os amigos foram embora em paz.[10] Já no segundo caso, não se

---

8. *Abraço natural* é uma expressão reichiana que denomina o ato sexual.

9. Essa postura reichiana recorda-nos um poema de Fernando Pessoa (1983, p.146): "Para Ser Grande, sê inteiro: nada teu exagera ou exclui. Sê todo em cada coisa. Põe quanto és no mínimo que fazes. Assim em cada lago a lua toda brilha, porque alta vive".

10. Nesse ponto não consigo resistir à tentação de citar a canção *Valsinha* de Vinícius de Moraes e Chico Buarque de Holanda (1971). A nosso ver, essa canção (letra e música) é uma ótima representação artística da curva orgástica reichiana. Assim ela termina: "Que o

pode dizer que o potencial erótico do encontro tenha sido realizado. Eles se viram, mas a saudade, de alguma forma, permaneceu. Eles se despediram, mas a tensão continuou presente em cada um; nesse sentido, a estase permaneceu, não houve curva orgástica.

Feita a apresentação das principais idéias reichianas, vinculadas particularmente ao tema da sexualidade, podemos agora focalizar o âmbito educacional presente na obra desse autor.

Reich e a educação

Em outro texto (Albertini, 1994) desenvolvemos em detalhes as idéias reichianas endereçadas à área educacional. Faremos neste tópico uma breve exposição dessas idéias.

Como já citado no início deste trabalho, Reich foi um autor que circulou por várias áreas do conhecimento, sempre almejando maximizar as possibilidades de plena existência do *animal humano*.[11]

Assim sendo, como a área educacional se insere no projeto transformador desse austríaco sonhador?

Ainda no início de sua atuação no movimento psicanalítico, Reich já demonstrava forte preocupação com questões sociais.[12] Esse enfoque dirige sua atenção, de cidadão e médico, para temas ligados à saúde pública, em particular para o campo da prevenção de doenças psicológicas. Por outro lado, no seu caso, essa perspectiva social era também catalisada pelos ventos de esperança provenientes da revolução socialista recémdesencadeada na União Soviética.

Esse interesse social/preventivo vai levá-lo tanto para um progressivo engajamento na luta política do período (pró-comunismo e contra o nazifascismo) quanto para um envolvimento com questões de micropolítica do cotidiano cultural. Dado o caráter eminentemente prático do estilo reichiano, essas preocupações vão sendo progressivamente transformadas em programas de ação concreta: inserção em partidos políticos, criação, juntamente com outros profissionais, de centros de saúde voltados para o atendimento e o esclarecimento de questões sexuais da população de baixa renda etc.

É a partir desse investimento em transformações sociais que Reich vai olhar para a área educacional. Um olhar proveniente de alguém que

---

mundo compreendeu. E o dia amanheceu... Em paz".

11. Expressão utilizada por Reich para salientar a presença dessa dimensão animal no homem, a seu ver pouco levada em conta pela maioria das correntes psicológicas.

12. Numa anotação de seu diário do dia 3 de janeiro de 1921, essa preocupação aparece de forma clara: " ... tenho dois pacientes particulares enviados pelo próprio Freud! E virão mais; e depois? Escreverei comunicações e monografias, muito boas, sim, claro. E depois? Se a situação do trabalhador não fosse tão desoladora! Política, oh, política... Existe algum modo de organizar uma vida para seres humanos, que compreenda de uma vez a maior realização possível e o prazer mais sublime?" (Tradução nossa) (Reich, 1990, pp.162-163)

milita no campo da saúde, interessado na possibilidade de prevenção da ocorrência de enfermidades psicológicas ou, em outras palavras, incomodado com os efeitos potencialmente danosos de uma educação malconduzida na saúde dos educandos.

Antes de entrarmos no conteúdo propriamente dito das idéias educacionais reichianas, alguns pontos do enquadre geral dessas idéias necessitam ser explicitados.

É importante esclarecer que Reich aborda esse tema em sentido amplo, ou seja, dado seu prisma (psico)profilático, ele procura discutir, alertar, sugerir procedimentos que possam ser utilizados por qualquer pessoa envolvida na ação educativa, especialmente com crianças. Assim sendo, de forma geral, seu público-alvo são pais, professores, atendentes de creches e orfanatos.

Deve-se registrar também que uma visão panorâmica dos escritos reichianos revela uma elaboração constante e crescente de idéias associadas à educação. Esse fato permite afirmar que tal interesse não é algo meramente periférico ou circunstancial. Pelo contrário, a produção regular de textos e propostas, em épocas diferentes, denota seu profundo envolvimento com esse campo de atuação.

Por outro lado, um estudo histórico-longitudinal do pensamento educacional de Reich possibilita observar uma forte coerência entre esse domínio conceitual particular e o edifício teórico como um todo. Isso significa uma correspondência entre a parte e o todo, ou seja, as reelaborações teóricas que vão se processando na obra também vão ocorrendo, com o mesmo sentido, no enfoque educacional. Dada essa correspondência, é possível acompanhar o desenvolvimento do pensamento desse autor, especificamente pelo fio educacional da obra.

Segundo nossa interpretação, as idéias de Reich vinculadas à área educacional podem ser agrupadas em três grandes conjuntos de propostas. Esses conjuntos foram organizados para acompanhar o desenvolvimento histórico do pensamento do autor. Vejamos, de forma sintética, as características centrais de cada um deles, denominados por nós, respectivamente, de "a busca do possível dentro do impossível", "educação e auto-regulação" e "medidas educacionais/terapêuticas".

A marca definidora do primeiro conjunto de idéias educacionais reichianas ("a busca do possível dentro do impossível") é a convivência, nem sempre harmônica, entre o referencial freudiano dos anos 20 e as concepções teóricas emergentes em Reich. Nos anos iniciais de sua participação no movimento psicanalítico, ele se defrontava com a tese freudiana da inevitabilidade da neurose. Se a neurose é uma condição inerente à vida civilizada, como postulava Freud, pouco se podia fazer para prevenir-se dela.

Mesmo atrelado às concepções freudianas, Reich nesse período, elaborou propostas educacionais objetivando, pelo menos, minimizar as dificuldades humanas. Nessa perspectiva, suas orientações sugerem uma espécie de dosagem ótima entre a frustração e a satisfação pulsional. A boa educação seria aquela que conseguisse colocar limites sem inibir completamente a vida pulsional da criança.

Nessa linha de raciocínio, o erro educativo seria função tanto do exagero quanto da falta da ação repressiva por parte do educador. Além dessa busca de equilíbrio entre a frustração e a satisfação pulsional, o processo educativo deveria apresentar coerência interna, não oscilando demasiadamente entre uma ampla liberdade inicial e uma punição posterior aplicada maciçamente. A seu ver, essa forma errônea de educação (liberdade inicial seguida de extrema punição), poderia gerar caracteres impulsivos, indivíduos com enormes dificuldades de autocontrole.

Na seqüência de suas elaborações teóricas, ainda no seio da psicanálise, Reich vai caminhar cada vez mais para mostrar os riscos das práticas educativas excessivamente frustradoras. Sua argumentação fundamenta-se na tese de que o exagero educativo acaba por tolher boa parte da expressividade da criança.

Assim, se os humanistas dos séculos XV e XVI tinham levantado a bandeira do prazer na terra (em oposição à ideologia ascética do período medieval), se Freud tinha revelado a presença de uma sexualidade infantil espontânea, Reich estava, em meados da década de 20 deste século, reivindicando uma educação com maior grau de satisfação pulsional para a criança.

O caminho de crítica à excessiva intervenção educativa vai ser radicalizado nos textos escritos a partir dos anos finais da década de 20. Esses trabalhos contêm um conceito que pouco a pouco vai assumindo papel central no referencial teórico desse autor: a *auto-regulação*, espécie de competência biológica espontânea e criativa da própria vida.

A nosso ver, com essa concepção monística e positiva da natureza primária do homem, Reich se afasta conceitualmente da psicanálise freudiana, baseada, de alguma forma, na dualidade pulsional, no conflito inevitável e na visão de homem que comporta algum aspecto auto e heterodestrutivo. Pode-se dizer que, quanto à visão de natureza humana primária, Reich se distancia de Freud e se aproxima de pensadores como Rousseau e Bergson.

Se há um potencial criativo interno, a educação deve apenas propiciar condições para que esse potencial seja exercido em sua plenitude. Essa é a tese fundamental que embasa o que agrupamos como um segundo conjunto de orientações reichianas para a educação ("educação e auto-regulação").

Tomando um exemplo ligado ao tema sexualidade, podemos ilustrar esse conjunto de orientações com um trecho do artigo "Sobre o onanismo", publicado originalmente em 1929: "Que fazer quando um menino de dois anos brinca com seu membro? Deixe que o menino se masturbe tranqüilamente. Normalmente, o onanismo aparece pela primeira vez nessa idade. Proibir o onanismo poderia unicamente lançar as bases para sucessivos transtornos sexuais, e devido ao sentimento de culpa que acompanharia o menino quando ele começasse a se masturbar, se obteria justamente o resultado oposto, ou seja, que o menino se masturbaria com muito maior freqüência, já que o sentimento de culpa, o medo e a contrariedade aumentam a excitação sexual." (Reich, 1980, pp.37-39)

O trecho acima exemplifica uma típica orientação reichiana desse período: o cuidado no sentido de evitar que a ação educativa crie dificuldades desnecessárias e não previamente existentes.

Nessa fase de sua trajetória teórica ocorre o encontro, pessoal e científico, com o pedagogo inglês Alexander Neill. Em termos conceituais, Reich vai considerar as idéias do criador de Summerhill como a proposta pedagógica mais afinada com suas orientações educacionais (psico) profiláticas.

Um terceiro e último conjunto de proposições reichianas para a educação ("medidas educacionais/terapêuticas") pode ser observado em textos mais tardios de sua produção teórica. Essas proposições acompanham uma certa re-elaboração conceitual que ocorre em seu pensamento como um todo, qual seja: na análise da origem dos problemas humanos, sem deixar de responsabilizar os fatores sociais de ordem histórico-cultural, Reich passa a focalizar também motivos especificamente ligados ao próprio homem. Segundo essa concepção, com o desenvolvimento da função perceptiva, o ser humano chegou à autopercepção e isso teria acarretado certo distanciamento de suas funções biológicas primárias auto-reguladas, em outras palavras, um afastamento de sua natureza interna sábia.

Sem entrar aqui na complexidade dessa última hipótese sobre o homem,[13] que apresenta contornos freudianos, podemos dizer, em termos gerais, no que se refere ao domínio educacional/preventivo da obra, que Reich procura aproximar a educação da clínica. Nesse sentido, fatores como o bom estado emocional do educador são enfatizados como de importância fundamental no desempenho de atividades educativas. Por outro lado, os escritos desse período passam a sugerir medidas ainda mais precoces de caráter (psico) profilático, que incluem o processo gestacional e o parto.[14]

Após esse percurso que se iniciou com a filosofia humanista, passou por Freud e chegou às proposições reichianas para a educação, cabe-nos concluir este trabalho com algumas observações sobre a sexualidade no processo educativo.

---

13. O leitor pode encontrar o desenvolvimento completo dessa formulação teórica no texto "Cosmic superimposition" (Reich, 1973).

14. Sobre essas medidas, consultar a publicação *Children of the future* (Reich, 1984).

Considerações finais

Um primeiro ponto que devemos deixar claro em relação à educação infantil é uma afirmação aparentemente óbvia, mas que se faz necessária: a sexualidade é algo natural, presente e inevitável na vida. Assim sendo, o educador não deve se assustar com as manifestações mais evidentes da sexualidade da criança.

Tal alerta soa como uma idéia completamente aceitável na cultura dita civilizada dos dias atuais, mas, na prática, a existência de uma sexualidade infantil pode não ter sido ainda completamente digerida.[15] Vejamos a notícia veiculada pelo jornal *O Estado de S. Paulo* sob o título "Menino de seis anos é acusado de delito sexual por beijar garota nos EUA".[16] O texto da notícia, que circunda uma foto do "agressor", explica que o menino foi acusado de molestar sexualmente uma colega por havê-la beijado no rosto numa escola do Estado da Carolina do Norte, recebendo, por isso, uma suspensão escolar.

Sem entrar na delicada discussão do tema do assédio sexual, o fato ocorrido numa escola norte-americana levanta uma série de questões pertinentes ao argumento deste livro. Será que essa acusação e a punição não ocorreram também por causa de componentes sexuais recalcados dos agentes escolares e, em última instância, da própria cultura americana? E o menino, como fica? Como fica sua identidade pessoal e sexual já que a instituição escolar o puniu por delito sexual? Será que ele vai introjetar essa identidade atribuída de agressor sexual e passar a ter um comportamento condizente com esta?

Em suma, essa notícia contém vários ingredientes do que Reich considerou como uma intervenção educativa potencialmente capaz de gerar dificuldades para o desenvolvimento da criança. Pode ter simplesmente ocorrido a problematização de um comportamento banal e corriqueiro da vida infantil.

Um outro ponto central que necessita ser explicitado diz respeito às relações entre o comportamento sexual e a vida como um todo. Sobre essa relação, Freud, no artigo "Moral sexual "civilizada" e doença nervosa moderna" afirmou:

"O comportamento sexual de um ser humano, freqüentemente, *constitui o protótipo* de suas demais reações ante a vida. Do homem que mostra firmeza na conquista de seu objeto amoroso, podemos esperar que revele igual energia e constância na luta pelos seus outros fins. Mas, se por uma série de motivos, ele renuncia à satisfação de seus fortes instintos sexuais, seu comportamento em outros setores da vida será, em vez de enérgico, conciliatório e resignado." (Grifo do autor.) (Freud, 1970, p.203)

---

15. Em termos reichianos, essa idéia pode não ter feito ainda a curva orgástica.
16. Edição do dia 26 de setembro de 1996, página A18.

Na seqüência desse artigo, Freud, utilizando a tese de o comportamento sexual ser o protótipo das demais reações, atribui "... a inegável inferioridade intelectual de muitas mulheres..." (ibid., pp.203-204) a uma educação cerceadora da curiosidade sexual dessas mulheres. Para ele, o impedimento de se ocuparem intelectualmente de questões de natureza sexual teria gerado nessas mulheres um afastamento de qualquer forma de pensar ou de buscar o saber.

Retomando a parte inicial deste trabalho, em que expusemos o ideal humanista de confiança no potencial diretor da razão humana, podemos concluir que uma educação que não acolhe, que não propicia condições para a satisfação da curiosidade sexual infantil, está inibindo não só essa curiosidade, mas o próprio desenvolvimento pleno da racionalidade humana.

Para Freud, um outro fator, além da repressão da curiosidade sexual infantil, pode também contribuir para o pouco desenvolvimento do pensamento da criança: a educação religiosa que acaba explicando tudo, dando tudo pronto, e com isso obstaculizando o fértil questionamento infantil a respeito dos enigmas da vida.

São essas teses freudianas que aproximam o comportamento sexual do indivíduo de suas demais reações perante a vida, que vão propiciar a Reich um intenso combate cultural contra a repressão da sexualidade humana. Em diversos textos de sua obra, mostra que essa repressão prepara o caminho para as demais, acaba gerando indivíduos impotentes para com a vida e, o que é socialmente nefasto, aderentes a ideologias totalitárias, dado o caráter de proteção e satisfação de impulsos perversos que essas ideologias manifestam.

A título de conclusão, gostaríamos de fazer apenas uma última observação. Todos sabemos que a educação sempre implica a colocação de limites. Esse ponto é claro e é um erro supor que Reich, ingenuamente, tenha sugerido outra coisa. Entretanto, a tarefa fundamental, que merece ser continuamente estudada e aprofundada, diz respeito à arte de colocar limites sem anular a expressividade sexual, e portanto vital, do ser humano.

Bibliografia

ABREU E SILVA NETO, N. (1975) *Introdução ao estudo da psicanálise: surgimento e influências recebidas.* São Paulo: manuscrito não publicado. (mimeo.)

ALBERTINI, P. (1994) *Reich: história das idéias e formulações para a Educação.* São Paulo: Ágora.

FREUD, S. (1970a) Moral sexual "civilizada'" e doença nervosa moderna. In: *Edição Standard Brasileira das Obras Psicológicas Completas.* (vol. IX) Rio de Janeiro: Imago. (orig. 1908)

FREUD, S. (1970b) Cinco lições de psicanálise. In: *Edição Standard Brasileira das Obras Psicológicas Completas.* (vol. XI) Rio de Janeiro: Imago. (orig. 1910)

————. (1970c) Psicologia de grupo e análise do ego. In: *Edição Standard Brasileira das Obras Psicológicas Completas.* (vol. XVIII) Rio de Janeiro: Imago. (orig. 1921)

————. (1970d) O futuro de uma ilusão. In: *Edição Standard Brasileira das Obras Psicológicas Completas.* (vol. XXI) Rio de Janeiro: Imago. (orig. 1927)

LAPLANCHE, J.; PONTALIS, J.-P. (1983) *Vocabulário da psicanálise.* São Paulo: Martins Fontes.

MORAES, V.; HOLANDA, C.B. (1993) Valsinha [música]. In: HOLANDA, C.B. *Construção* [cd]. São Paulo: Polygram. (orig. 1971)

PESSOA, F. (1983) *Ficções do interlúdio/2-3: odes de Ricardo Reis, para além do outro oceano* de Coelho Pacheco. Rio de Janeiro: Nova Fronteira.

REICH, W. (1990) *Pasión de juventud: una autobiografía, 1897-1922.* Barcelona, Buenos Aires, México: Paidós.

————. (1984) *Children of the future: on the prevention of sexual pathology.* Nova York: Farrar, Straus and Giroux. (orig. 1950)

————. (1982) *O assassinato de Cristo:* volume 1 de A peste emocional da humanidade. São Paulo: Martins Fontes. (orig. 1953)

———— (1980) Sobre o onanismo. In: REICH, A. *Se teu filho pergunta.* Rio de Janeiro, Espaço Psi. (orig. 1929

————. (1978) *A função do orgasmo:* volume 1 de A descoberta do orgônio. São Paulo: Brasiliense. (orig. 1942)

————. (1975) Further remarks on the therapeutic significance of genital libido. In: ———— *Early writings:* volume one. Nova York: Farrar, Straus and Giroux. (orig. 1925)

————. (1973) Cosmic superimposition. In: ————. *Ether, god and devil, and cosmic superimposition.* Nova York: Farrar, Straus and Giroux. (orig. 1951)

STERBA, R.F. (1974) The humanistic wellspring of psychoanalysis. *The Psychoanalytic Review,* v.43, n.2.

WAGNER, C.M. (1996) *Freud e Reich: continuidade ou ruptura?* São Paulo: Summus.

Os ETs e a gorila:
um olhar sobre a sexualidade, a família e a escola

João Alfredo Boni de Meirelles*

Simultaneamente à elaboração deste texto, em junho de 1996, duas notícias com ampla repercussão na imprensa mundial me chamaram a atenção:

1— É anunciada pela NASA e pelo governo americano a comprovação da existência de vida fora da Terra. A confirmação veio com a descoberta de microrganismos, compostos por material orgânico, no interior de um meteorito encontrado há alguns anos no continente antártico. Por meio de cálculos com isótopos radioativos, os cientistas acreditam que esse meteorito caiu na Terra há milhões de anos, expulso, por sua vez, de algum corpo celeste (provavelmente Marte) há bilhões de anos. Ele teria percorrido um período pelo espaço sideral até ser atraído pelo campo magnético da Terra. Esse fato, e outros, fizeram com que os Estados Unidos, a Rússia, a Agência Espacial Européia e o Japão liberassem mais recursos financeiros para a aceleração do projeto que prevê o pouso de uma nave em Marte já no início do século XXI, com vistas a uma futura colonização espacial.

2 — Em um zoológico dos Estados Unidos ocorre um acidente com um garoto de três anos de idade, que cai de uma altura de cinco metros em um fosso repleto de gorilas. O garoto, com traumatismo craniano e inconsciente, é socorrido por uma mãe gorila que, ao pegar o garoto cuidadosamente no colo, afasta o menino do ataque de outros gorilas e o entrega às mãos do seu tratador, na porta do reservado. Com essa atitude, a criança teve um rápido atendimento e pôde ser salva. Sabe-se que a gorila em questão fora criada e tratada por humanos em sua infância.

Mas o leitor deverá estar se perguntando: o que faz com que essas notícias aparentemente tão díspares sirvam de contexto para a introdução do tema aqui proposto? O que a descoberta da existência de um ET e o comportamento de gorilas têm a ver com sexualidade, família e educação? Vejamos.

---

*Psicólogo clínico com especialização em terapias corporais e terapia familiar sistêmica. Tem atuado também na área de educação ambiental entre adolescentes e adultos, com atividades de campo, *workshops* etc.

A primeira notícia traz como efeito imediato o fortalecimento da teoria da poliespermia, ou seja, a teoria pela qual a vida provém do espaço e encontrou na Terra, em algum momento específico, o ambiente propício para o seu desenvolvimento. Outra conseqüência dessa descoberta é que a comprovação da existência de vida orgânica em Marte, há bilhões de anos, só aumenta ainda mais a curiosidade em saber como se deu o desenvolvimento dessas "matérias orgânicas marcianas" não só no planeta vizinho, mas também em outros corpos celestes. O renomado astrônomo Carl Sagan (1996) afirmou categórico, em recente entrevista, que devem existir outras civilizações mais antigas e avançadas que a nossa na vasta imensidão do espaço. Segundo ele, as chances de a humanidade captar algum sinal delas aumenta a cada ano com o do barateamento e refinamento da tecnologia de rastreamento do cosmo.

Enquanto isso, no zoológico americano, a *Grande Mãe gorila*, ancestral da *Grande Mãe humana*, olha para o céu e vê cair, em sua falsa ignorância símia, uma vida orgânica tida como inteligente. Salva-a do ataque de outros símios agressores e lembra talvez que já foi salva, quando criança, do ataque de outros agressores humanos. Cabe perguntar aqui o que seria a chamada "inteligência". Fiquemos com a interrogação.

Diante dessas duas notícias, no entanto, não podemos deixar de observar uma interligação entre a *Grande Mãe gorila*, a *Grande Mãe humana* e a *Grande Mãe cósmica* num fluxo permanente e circular que nos remete ao eterno questionamento sobre quem somos, de onde viemos e para onde vamos. Macacos, seres humanos e extraterrestres têm em comum o fato de serem diferentes elementos interagentes que crescem juntos em ambientes específicos através do tempo, e que formam sistemas.

Dos extraterrestres que viemos aos macacos que fomos, passando pelos humanos que somos, e voltando aos extraterrestres colonizadores do espaço que um dia certamente seremos, formamos um conjunto com estrutura e organização singular e plural que se transforma no espaço e no tempo. Pertencemos a um sistema, já comprovado por Einstein em sua famosa equação $e=mc^2$, composto por estruturas materiais e energéticas em constante fluxo de estabilidades e transformações, percorrendo o cosmo à velocidade da luz ao quadrado. Os seres humanos e seu contexto — a família — constituem sistemas próprios nos quais a sexualidade e a educação são processos associados à criação, à conservação, à transformação e à evolução.

Convém lembrar que nós humanos somos compostos por moléculas; compostas, por sua vez, por átomos; compostos por partículas subatômicas que vibram, pulsam e vão cada vez mais deixando de ser estruturas materiais para se transformarem em quanta de energia. Portanto, somos, por definição, um corpo bioenergético ao mesmo tempo presente e real, como matéria, e futuro e virtual — um vir-a-ser — como energia. Somos um corpo sensorimotor provido de campos elétricos, eletromagnéticos, eletroestáticos etc.

72

A família é, em síntese, um sistema composto fundamentalmente por dois indivíduos, comumente um homem e uma mulher, que geram um terceiro indivíduo, um filho, que, por sua vez, vai se unir a uma filha de outra família para gerar uma terceira geração de filhos e ampliar, assim, a rede de relações humanas. Todo pai é um filho e todo filho é um pai em potencial. Trazemos em nossa história geracional a história dos nossos pais, nossa própria história como filhos, e assistimos ao desenrolar da história futura por intermédio dos nossos filhos. Nosso presente é a redefinição contínua do passado à luz de uma perspectiva de futuro.

Podemos dizer, então, que somos, no mínimo, indivíduos reais (materiais), virtuais (energéticos) e trigeracionais como unidade básica familiar (Carter; McGoldrick, 1995). Interrompamos por ora nossa tentativa de definição de quem somos e como somos, e voltemos à queda do menino no zoológico e ao seu salvamento pela mãe gorila.

Todo dia verificamos que, cada vez mais, o ser humano se omite, se cala e se recusa a cuidar de sua própria vida e da vida de outros seres. Diante disso, algumas questões se apresentam no plano concreto. Qual seria a natureza da inteligência da gorila? Que impulso ou força interna instintiva teria ela buscado para salvar aquele pequeno ser humano? Que grau de consciência teria movido a símia em seu ato? Será que a queda da criança no fosso não poderia representar, numa leitura metafórica, o grau de deterioração das tão propaladas integração e solidariedade sociais? A imagem do menino ensanguentado nos braços da gorila, que as telas de televisão levaram ao mundo inteiro, não poderia simbolizar o mal-estar social e emocional humano, bem como a carência de uma maior noção de cooperação e envolvimento afetivo? Por que a macaca, em seu instinto, é solidária e os humanos em sua razão são cada vez mais competitivos, solitários e destrutivos?

Mais uma vez fiquemos com as interrogações. Contudo, existia uma atitude na mãe gorila. Seu ato afetivo de recolher o garoto ao colo, enfrentar os agressores e entregá-lo ao tratador, além de exemplar e de servir como um tapa com luvas de pelica, refletia uma "inteligência" não mais exclusiva do *Homo sapiens*.

O que procuro mostrar com essa história é que não podemos abordar sexualidade, família e educação sem pensarmos nas múltiplas manifestações de vida expressas em atitudes e comportamentos "inteligentes" de diversos sistemas orgânicos.

Da ampliação do conceito de inteligência à teoria sistêmica

Em *Inteligências múltiplas*, Howard Gardner (1995, p.21) define inteligência como "a capacidade de resolver problemas ou elaborar produtos que são importantes num determinado ambiente ou comunidade cultural". Gardner possui uma visão pluralista da mente e descreve oito formas de "inteligências": a lingüística, a lógico-matemática, a espacial, a musical, a corporal cinestésica, a interpessoal e a intrapessoal; formas estas que, isoladamente e/ou combinadas, abordam uma situação, definem seu objetivo e criam uma rota adequada para atingi-lo. Simultaneamente, essas inteligências codificadas em sistemas simbólicos capturam e expressam o conhecimento, a opinião e os sentimentos.

Daniel Goleman (1996), em *Inteligência emocional*, descreve a autoconsciência, o autocontrole, a empatia, o desenvolvimento da percepção com o objetivo de resolver conflitos intrapsíquicos, a capacidade de comunicação e cooperação com os outros como aptidões emocionais e sociais, aos quais deu o nome de "inteligência emocional". A inteligência emocional que aprendemos na infância, em casa e na escola, modela os circuitos emocionais, tornando-nos mais aptos (ou inaptos) na determinação de hábitos emocionais básicos que irão governar nossas vidas. A questão principal para Goleman é como levar inteligência às emoções, e civilidade e envolvimento para nossa vida comunitária.

Ao evocar as "inteligências múltiplas" e a "inteligência emocional", procuro ampliar o conceito tradicional de mente. Refiro-me, portanto, à mente racional e à mente emocional, às estruturas pertencentes ao arquiencéfalo, ao mesencéfalo e ao neocórtex, às estruturas cerebrais e ao coração, ao consciente e ao inconsciente, aos processos de conceituação do eu e do outro, e aos diversos processos de ligação entre sentimento, pensamento e ação que definem diferentes éticas a cada momento histórico.

Gregory Bateson (1982), em *Espiritu y naturaleza*, diz que embora cada pessoa tenha seu lado autônomo e independente, todo homem possui um outro, ligado a padrões de inteligências que governam todo o cosmo. Ao longo do tempo, todo o sistema natural, dos átomos extraterrestres aos seres humanos, tem a capacidade de passar por todo um ciclo de transformação que leva a um outro ciclo, num nível bem mais complexo de interligação com o ambiente. Átomos, moléculas, células, plantas, animais, seres humanos unidos em famílias, grupos, cidades, nações pertencem a uma cadeia criativa infinita, ou seja, a um corpo universal em que nossa mente é apenas um aspecto da mente universal.

O prisma aqui proposto para discutir o tema sexualidade, família e educação passa pelo conceito de mente, pela *teoria geral dos sistemas,*[1] pelas diversas teorias cibernéticas da abordagem familiar, pela neurociência

---

1. Trata-se de uma teoria formulada por Ludwig Von Bertalanffy, entre outros, em 1947, que busca uma modelização de natureza geral. Os processos elementares e fundamentais agem sob um triplo referencial: forma, espaço e tempo. A teoria geral dos sistemas assume importância em ciências humanas quando se percebe a unidade familiar como nível de articulação obrigatório do indivíduo e da sociedade. Diversos autores, tais como Watzlawisk, Bateson, Minuchin, Bowen, Witaker, nas décadas de 60 e 70 desenvolvem e aplicam essa teoria na compreensão dos processos de inter-relação familiar. Para mais esclarecimentos, consultar o *Dicionário de terapias familiares: teoria e prática*, de Jacques Miermont e colaboradores (Artes Médicas, 1994).

e pela metodologia transdisciplinar para o tratamento da questão ambiental. Problematizar, analisar e sistematizar esse tema é, portanto, estudar sistemas complexos e mutantes.

A idéia central que permeia a *teoria geral dos sistemas* é que o todo é considerado maior que a soma de suas partes, ou seja, toda e qualquer parte do sistema está relacionada ao seu todo e a todas as partes. A mudança em uma das partes provocará mudança nas demais e, conseqüentemente, em todo o sistema. Este, por sua vez, funciona como um todo coeso, inseparável e interdependente, que se auto-regula por leis, estabilizando-se e equilibrando-se dinamicamente em torno dessas leis ou regras. Assim, cria e mantém padrões de interação contínua e descontínua através do tempo.

A família na óptica sistêmica

A família é vista, portanto, do ponto de vista sistêmico, como um sistema global, organizado e padronizado, que funciona como modelo auto-regulador (homeostático), ativado pelo erro a fim de manter o seu equilíbrio. Simultaneamente, esse modelo interno desenvolve níveis novos e não previsíveis de organização por meio de processos de mudança descontínuos e de saltos desconhecidos. O sistema familiar possui diferentes níveis hierárquicos, que vão desde o nível do individual ao macrocósmico, passando pela família nuclear (de origem) até a família ampliada, incorporando conceitos de comunidade, sociedade, cultura, política, economia, religião, etnia etc. (Papp, 1992)

Como sistema que se desenvolve no tempo, a família compreende todo o campo emocional e histórico de pelo menos três gerações em qualquer momento dado. Os relacionamentos com os pais, irmãos e outras figuras familiares (consangüíneos ou não) passam por estágios diversos ao longo do ciclo de vida. Diferentemente de outras organizações, as famílias incorporam novos membros pelo nascimento, adoção e casamento, e estes só se separam de fato com a morte.

Na abordagem sistêmica, os eventos familiares são estudados dentro do contexto no qual ocorrem, e a atenção é focalizada mais nas conexões e relações do que nas características individuais. Quero dizer com isso que, pela óptica sistêmica, ninguém é "em si", isto é, não existe alguém que possa ser definido ou rotulado, por exemplo, de perverso, louco ou culpado. A observação sistêmica descreve uma série de respostas interligadas e relaciona essas respostas ao contexto no qual elas surgem. O sistema mostra o comportamento sem rotular o indivíduo.

Abordar sexualidade e família na escola é mostrar processos interativos dentro de sistemas humanos, nos quais a unidade individual básica é um sujeito biopsíquico, social, de natureza trigeracional, que se reintegra à natureza como espécie biológica com características específicas; que, para sua sobrevivência e subsistência, se apropria dessa mesma natureza com responsabilidade e conhecimento dos mecanismos dessa apropriação; que é produto da evolução histórica da humanidade; que determina e é determinado pelas inter-relações entre os substratos naturais e os diversos tipos de organizações familiares; que aceita, reconhece e valoriza as diversidades culturais, a sociogênese, a psicogênese; que crê no futuro aberto da sociedade na qual está inserido.

É fundamental nos sensibilizarmos com as contradições e paradoxos existentes nas relações indivíduo-grupo, sociedade-ambiente, natureza-cultura. O enfoque epistemológico aqui proposto é circular em oposição à idéia de causalidade linear. Utilizo como instrumento científico a inter e a transdisciplinaridade do saber. Sob o enfoque político, advogo a interatividade como encaminhamento para a superação de conflitos, e a construção e implementação de soluções conseqüentes por meio da criação de espaços de ação comunicativa. Partimos de uma visão holística do mundo, sob a óptica filosófica, com a valorização de processos interativos, autônomos e interdependentes.

A sexualidade como força natural

Falar sobre sexualidade é reportar-se a uma série de excitações e atividades mentais relacionadas às múltiplas formas do prazer e à satisfação de necessidades fisiológicas básicas. É referir-se a sentimentos, emoções e afetos fundamentais, no desenvolvimento e na vida psíquica do ser humano presentes desde a infância. A infância de que falo não é somente aquela pertencente a uma etapa do desenvolvimento psicossexual de cada pessoa, mas também do ser unicelular ao homem, da filogênese e da ontogênese.

O espaço da sexualidade é o espaço do corpo físico, do corpo biológico, do corpo pulsional, com suas cargas e tensões. O espaço da sexualidade é também o *locus* das representações mentais, das intersubjetividades, enfim, do "corpo do desejo", do "corpo erótico" (Wagner, 1996).

O sexual refere-se, aqui, a uma energia que não é redutível ao aparelho genital humano e sim a um fluxo energético que permeia todos os sistemas vivos. Pensar em sexualidade é pensar em tudo que é vida. E vida é tudo aquilo que pulsa no tempo. Pensar em sexualidade é ampliar a relação sujeito-objeto, que tem como meta a união dos órgãos genitais. É reconhecer a energia sexual (a *libido*, o *orgon*, o *Ki*, não importam os nomes) como uma força natural que facilita a satisfação do desejo, quer como realização genital (orgasmo), quer como realização cultural (sublimação). O livre fluxo dessa energia possibilita o reequilíbrio do organismo, e seu bloqueio interromperá o princípio de auto-regulação sistêmica, gerando manifestações biopáticas que estão por trás de todas as patologias psicossociais e psicossexuais.

Lidar com a sexualidade como força natural significa reconhecer a existência de duas forças antagônicas, em conflito permanente: de um lado, o desejo que quer se fazer representar (devir), e, do outro, as forças que reprimem este "vir a ser" (realidade). É projetar esses conflitos no espaço e tempo e percebê-los como se manifestam a cada estágio do período de desenvolvimento da energia sexual. É saber que conflitos e paradoxos não existem para ser eliminados, e sim para ser compreendidos, reinterpretados, reorganizados. É buscar o prazer como um todo e não parcialmente. É preocupar-se com a vida, com o outro e não apenas consigo. Diante disso, o conceito de repressão deve ser reenquadrado. Repressão não significaria mais a anulação do desejo, do prazer, por meio de um poder punitivo sobre o corpo ou de um poder disciplinador sobre a alma e sobre a liberdade (Guirado, 1996), e sim um componente subordinado a uma educação transformadora, que respeitasse hierarquias e estágios de desenvolvimento da energia sexual, que trouxesse limites, que reconhecesse a existência de polaridades e lidasse dialeticamente com estas; enfim, que não estabelecesse conotações negativas ou positivas. Sob esse novo enfoque, a repressão faria parte do processo de cidadania e desenvolvimento do ser humano, e estaria submetida a esses mesmos princípios.

As sociedades precisam tomar consciência da sexualidade, aceitá-la como uma manifestação natural e propiciar algumas possiblidades para sua expressão e elaboração. Mais do que isso, os indivíduos e grupos sociais devem assumir a co-responsabilidade pelos processos inconscientes, pelas histórias ocultas da vida privada e pública, pelas erupções inesperadas e descontínuas do desejo, porque se não, quem assumirá por nós? A meta seria obter uma mudança no significado de uma história. Isso equivaleria a uma redefinição dos fatos, uma mudança no estado de uma estrutura, arrolando consigo uma magnitude de afetos suficiente para outorgar significância. Subverter a ordem e assumir um compromisso com a mudança é o objetivo das práticas clínica e educacional.

Freud, Jung e Reich, com a psicanálise e seus desdobramentos, ao reconhecerem e analisarem o inconsciente, unem o corpo virtual ao corpo biológico e social. Um corpo virtual, individual e coletivo, composto por protofantasias, sonhos, símbolos e mitos, enfim, corpos emocionais, sentimentais e afetivos. Hoje a neurociência demonstra que, com o reconhecimento da existência do inconsciente, a sociedade resgata o cérebro emocional, o cérebro irracional, o cérebro mais primitivo, aquele que a ciência positivista e cartesiana tentava esquecer ou negar (todos sabemos com que interesses e vantagens). Sim, pois o inconsciente não é somente aquele cerne biológico profundo e natural, honesto e trabalhador, cooperativo e construtivo, que Malinowski e os humanistas franceses traziam em suas teorias do "bom selvagem". O inconsciente também é reprimido, recalcado, constituído por impulsos cruéis, sádicos, lascivos, sanguinários e invejosos.

Segundo Reich (1988, p.XVIII), "depois que as necessidades biológicas originais do homem foram transformadas pelas circunstâncias e pelas modificações sociais, e passaram a fazer parte da estrutura do caráter humano, esta última reproduz a estrutura social da sociedade sob a forma de ideologias".

Reich dizia que o homem molda o seu contexto social, cultural e ambiental, e denunciava os regimes autoritários como efeito de "atitudes emocionais básicas do homem oprimido da civilização autoritária da máquina, com a sua maneira mítica e mecanicista de encarar a vida" (Ibid., p. XIX). Hoje sabemos que o homem molda e é moldado por massas humanas, que o produto disso são seres e sociedades que têm no seu interior, simultaneamente, o fluxo contínuo de vida e os padrões automáticos e repetitivos de morte.

Saliento a importância da economia sexual e da democracia do trabalho propostas por Reich, não só porque mostram que anseios de poder por parte de pessoas e regimes autoritários destrutivos, preconceituosos e cruéis estão associados a anseios orgásticos restringidos pela distorção mítica e pela inibição da sexualidade total, mas também porque a família, a escola, a educação têm um compromisso com o conjunto do trabalho social necessário a uma melhor qualidade de vida, e que esta não é possível no âmbito da vida vazia de trabalho, fragmentada e mistificadora. Segundo Reich, se o amor, o trabalho e o conhecimento são as fontes da nossa vida, eles devem, portanto, governá-la.

Para que o leitor possa compreender um pouco a realidade concreta e cotidiana do tema proposto e, ao mesmo tempo, a força mitificadora e padronizadora dos preconceitos, apresentarei a seguir algumas frases do dia-a-dia da casa, da escola e da rua do brasileiro:

Família a gente não escolhe, Deus é que dá, mas se pudesse escolheria outra. Fórmula do casamento duradouro: sopa quente, sexo sempre. Família é bom, mas dura muito. Mulher de amigo meu pra mim é homem. Meu lado feminino é lésbico. Você já viu algum gay sarar? Não existe paraíba, o que existe é mulher malcomida. Quem não cola não sai da escola.

Esses são apenas alguns exemplos que demonstram bem o contexto diário que o clínico, o educador ou qualquer cidadão que luta por uma melhor qualidade de vida tem de enfrentar. Mas, pensemos um pouco, será que o nosso processo educacional, familiar, escolar, histórico, econômico e político não tem a ver com a nossa baixa qualidade de vida? Quem somos, onde estamos, onde queremos chegar? Com que e com quem posso me ligar e corrigir o curso enquanto caminho? Enfoquemos agora a educação.

A educação: passado e presente

Para refletir sobre essas e outras questões, proponho como guia o trabalho da prof². Naná Minimi Medina (1994) com equipes de educadores das Secretarias de Educação do Brasil. O relatório cita as diversas abordagens teóricas e metodológicas que perpassam a prática real do ensino brasileiro e as concepções de currículo que derivam dessas abordagens. Tomo por base o resumo de duas abordagens: a *tradicional-comportamentalista* (que servirá como orientação para que possamos perceber quem somos hoje e o que recebemos do passado) e a da *educação ambiental* (que servirá como orientação sobre o futuro que precisamos criar).

A abordagem tradicional-comportamentalista, centrada na transmissão do conhecimento, tem como enfoque filosófico uma visão fragmentada do mundo. O mundo é resultado da soma das partes. O enfoque político é calcado no isolamento individual e grupal, sem participação social e política. A coordenação vem da autoridade de cima e deve ser obedecida sem contestação. A natureza passa a ser propriedade privada de alguns homens, criada pelas relações de produção capitalista. A relação entre o homem e o seu mundo é determinista, sendo o homem produto de um processo evolutivo de variáveis genéticas e ambientais (darwinismo social). Logo, alguns homens são "melhores" do que outros, o que reflete uma visão burguesa e individualista de sociedade, que privilegia algumas classes sociais em detrimento de outras. Conhecer, nessa abordagem, é acumular e incorporar informações. E o passado é o modelo para ser imitado na construção do futuro.

A educação tradicional, de vertente idealista e empirista do século XIX, contextualiza-se para a sociedade tecnológica do século XX e torna-se instrumentalista e tecnicista, com vistas a um treinamento social capaz de transmitir conhecimento e moldar comportamentos para conservação da sociedade.

A escola é a instituição social encarregada do processo de socialização e transmissão de informações da cultura. É uma agência educacional, de controle social e com fins lucrativos (seja em termos financeiros propriamente, seja em termos de poder político). Sua função é adaptar indivíduos para a conservação do *status quo* social e cultural. A escola não oferece condições para que o sujeito explore conhecimentos, descubra ou investigue. O ensino busca aplicar o método científico, centrando a eficiência na obtenção de fins prefixados. O professor planeja, controla e executa o processo de aprendizagem. Ao aluno cabe receber a informação, memorizá-la e ser avaliado por meio de provas e exames, pois sua função é ser instruído e obediente.

A concepção de currículo que deriva da abordagem tradicional-comportamentalista, em síntese, centra os conteúdos a serem transmitidos em um planejamento organizado em disciplinas, baseado na autoridade do professor, e priorizando as regras, os objetivos operacionais e a eficiência do processo. É um currículo fechado, com disciplinas estanques, que corresponde à aplicação da divisão do trabalho ao sistema educacional.

Esse quadro, muito bem esquematizado pela profª. Naná Minini, é a ideologia dominante no Brasil, que há anos entra pelas casas e escolas brasileiras, penetra na cabeça de crianças e adultos, molda desejos, atitudes e comportamentos de milhões de pessoas, estrutura e organiza sistemas familiares e escolares que estabelecerão inter-relações humanas e sociais fundamentadas nesses mesmos valores.[2]

A seguir, um pouco da realidade da educação nacional, a partir de dados do IBGE e do Ministério da Educação sintetizados em artigo publicado recentemente na revista *Exame*.

O Brasil atravessa o inverno de 1996 com uma população por volta de 140 milhões de habitantes. Dessa população, 20 milhões com idade superior a 15 anos não sabem ler ou escrever (analfabetismo total), e outros 60 milhões de pessoas não concluíram a quarta série, sendo classificadas de analfabetas funcionais (mal escrevem seu nome ou dominam as quatro operações matemáticas básicas). A cada cem crianças que iniciam o ciclo básico, 44 concluem o primeiro grau e, destas, somente vinte concluem o terceiro ano do segundo grau. A média de tempo para a conclusão do primeiro grau no Brasil é de *11 anos*.

A rede educacional brasileira possui 200 mil escolas públicas e privadas para uma demanda de 35 milhões de crianças. Destas, ao redor de 4 milhões estudam em 22 mil escolas privadas, enquanto os outros 31 milhões de crianças se distribuem em 180 mil escolas públicas.

A malha de professores para o ensino básico conta com 1,3 milhão de professores, sendo que 47% destes têm curso superior completo, 44% têm o segundo grau concluído (magistério), e 6% são professores qualificados apenas com o primeiro grau (18% destes estão na região Nordeste do país). O rendimento médio desses profissionais gira em torno de 500 dólares para um regime de 40 horas semanais de trabalho. O salário médio de um professor em Brasília é de 800 dólares, contra 50 para a mesma função no Nordeste. De cada 100 dólares destinados à educação, 50% chegam à sala de aula; os outros 50% se perdem no caminho. As universidades ficam com dois terços das verbas destinadas à educação no Brasil. Convém lembrar que a maioria delas é privada, repetindo há anos a velha problemática das melhores universidades públicas estarem a serviço dos filhos da elite econômica, mais bem preparados para o ingresso mais rigoroso nestas, enquanto os mais carentes ficam com as universidades pagas e periféricas ou abandonam o estudo.

Em pesquisa qualitativa realizada com estudantes de vinte países, com idade média de 13 anos, sobre o rendimento escolar nas disciplinas de matemática e ciências, os brasileiros, representados por alunos de escolas públicas de São Paulo, são os penúltimos.

---

2. **Exercício 1**: antes de falarmos da abordagem ambiental que almejamos, proponho que o leitor interrompa por alguns instantes a leitura e correlacione o quadro educacional e escolar acima descrito, com sua história individual e familiar, e tente responder como, de acordo com essa doutrina ideológica, interpreta e vê interpretadas pelo seu grupo social de referência a sexualidade e a família.

Acho que não são necessários mais dados para comprovarmos que, no Brasil, a escola educa pouco; professores desmotivados, malpreparados e com baixos salários, ensinam pouco; os alunos aprendem pouco (alto índice de repetência e evasão escolar); e pais, sentindo-se culpados, desesperançosos, temendo pelo futuro de seus filhos, acusam o governo e a escola por tudo isso. A escola, por sua vez, culpa os alunos e os pais. Os alunos acusam a escola e os pais. Situação típica em que todos estão insatisfeitos, isolados e cobrando responsabilidades uns dos outros. A sociedade paga caro por isso; basta pensarmos no padrão de qualidade de vida que produzimos e no custo que pagamos por ele.

O sistema educacional brasileiro é, da mesma forma, de baixa qualidade de relações. É anacrônico e caminha no sentido oposto aos pré-requisitos necessários a uma economia globalizada de mercado, que já não fecha mais os olhos para as questões do meio ambiente, exige um melhor preparo para as novas tecnologias, tem como princípio básico a concorrência e impõe a necessidade de um sistema dinâmico e flexível para reciclar professores, alunos e comunidade visando uma melhor adaptação e assimilação das mudanças.

Mas qual educação oferecer de base? Como não continuar privilegiando algumas classes sociais e, ao contrário, democratizar o conhecimento? Com quais atitudes devemos trabalhar? Como tirar a educação da retórica maniqueísta e transformá-la em ação realizadora?

A solução seria criarmos uma perspectiva de futuro, que trouxesse alternativas de enfrentamento dos problemas do passado-presente. Só a projeção de um ponto futuro que englobe as tentativas de solução à somatória de problemas não-resolvidos no passado é que nos permitirá construir um presente transformador (Land; Jarman, 1994-95).

Ao estruturarmos nosso pensamento conforme essa perspectiva, criamos um futuro ideal/virtual e o unimos ao nosso cotidiano. Assim construímos realidades. É por essa razão que proponho a educação ambiental como a abordagem educacional do futuro.

A educação ambiental: o futuro

Quando penso numa abordagem ambiental, imediatamente me ocorre um sentimento de pertencimento ao meu lugar, à minha história, à minha família, ou seja, um sentimento de pertencimento ao meu *ekos*, ao meu *habitat*, a todos os meus corpos, a todos os meus sistemas e subsistemas. Quando sinto que pertenço a tudo isso, percebo que resgato o meu *eu* no seu sentido mais pleno. Núcleo do ego infantil, o eu mesmo (*myself*) me tira do caos dos sonhos e desejos, e me dá uma primeira identidade. Ter contato com o seu próprio eu e transformá-lo a cada momento, mantendo uma relação ética com o ambiente, é o processo contínuo da conscienciosidade, da conscientização (*awareness*). Você não existe para

81

mim antes do meu eu existir. O outro só será alguém qualificado, respeitado, quando antes tivermos a consciência do eu. Entretanto, eu só posso ser eu através de um outro significativo para mim: *você*. Sem isso, o *nós* como ação social é impossível. A sociedade é instável, rígida e tende a fragmentar-se, pois os vínculos não se estabelecem ou estão fragilizados.

Vínculo é a expressão concreta de uma experiência de encontro e apego, e tem uma dimensão biológica, simbólica, afetiva e social. Ele é vital e todos dependemos dessas ligações para sobreviver e crescer. O vínculo criança-família-comunidade é um triângulo básico para qualquer sociedade sadia. Crianças, jovens e adultos têm o direito a viver, a desfrutar uma rede afetiva, na qual possam se desenvolver lúdica e prazerosamente, contando com a paciência, a compreensão e a tolerância da comunidade. Conseqüentemente, é dever e responsabilidade do poder público, da sociedade civil e da comunidade a construção de redes de apoio às crianças, aos jovens e aos seus familiares, sobretudo às populações mais pobres (Unicef, 1994). Sociedade sem vínculo é uma sociedade fragmentada e doente, pois, como o Cronos mítico, exclui e mata seus próprios filhos.

Temos de pensar em sexualidade, família e escola pelo princípio da não exclusão, isto é, pensarmos em sistemas interagentes por intermédio de processos cujos princípios de convergência (vinculação, união) e complementaridade (respeito pelas diferenças) estejam estabelecidos.

O meio ambiente gera e é gerado, constrói e é construído, no processo historicamente criado a partir das inter-relações entre o eu e o eu mesmo, entre o eu mesmo e o outro significativo, entre nós e a sociedade, e entre a sociedade e a natureza. Nesse sentido, a educação ambiental enfatiza as inter-relações dinâmicas entre as sociedades humanas e os ecossistemas, postulando uma compreensão dessas inter-relações mediadas pelos estilos de desenvolvimento. Afinal, somos seis bilhões de seres humanos coexistindo em alguns milhões de quilômetros quadrados.

A profª. Naná Minimi (1994) descreve a abordagem da educação ambiental como uma vertente socioambiental, que visa à plena realização do homem em todos os seus aspectos e à sua sobrevivência. Propõe uma educação para preservação e conservação da natureza, no marco da análise econômica e social dos problemas ambientais de toda ordem. É uma educação orientada para a solução de problemas socioambientais. Educação com caráter interdisciplinar e permanentemente voltada para o futuro, com a preocupação de construir valores e conhecimentos para a tomada de decisões adequada à preservação do sujeito, da sociedade e do ambiente humano.

A escola é, assim, considerada como uma instituição social e pública de caráter dinâmico. Como instituição, é contraditória e conflitante, firmando-se como importante espaço de luta contra os processos de homogeneização cultural. Ao mesmo tempo, não se limita ao espaço de sala de aula, uma vez que deve servir efetivamente, na comunidade, como agente de compreensão e busca de soluções para os problemas ambientais concretos.

A escola, de acordo com a educação ambiental, é fundamental para a formação do homem do futuro e para o desvendamento das ideologias e dos estilos de desenvolvimento da sociedade dominante. O fundamento epistemológico deve ser aprofundado no confronto com a própria experiência. A relação ensino-aprendizagem é centrada em problemas concretos, partindo de situações mais próximas para aquelas mais globais; respeita os estágios da evolução cognitiva; ajuda o aluno a construir e ampliar as suas representações, multiplicando as oportunidades de investigação; busca atingir no mesmo nível objetivos afetivos, cognitivos e habilidades técnicas. O professor é mediador e organizador do processo pedagógico, favorece a visão de conjunto sobre a situação, e propõe outras fontes de informação, colocando o aluno em contato com outras formas de pensar.

O currículo decorrente de uma educação ambiental parte do princípio que a percepção é um fenômeno que aprendemos. Isso implica dizer que a apreensão do mundo em que vivemos, inclusive a experiência do nosso corpo, é totalmente relacionada à maneira como aprendemos a percebê-los. Ou seja, se mudarmos nossa maneira de perceber as coisas, modificaremos a experiência do nosso corpo e a experiência do nosso mundo. Criamos a nós mesmos, momento a momento, a partir de como nos vinculamos conosco, com as pessoas, com as informações, circunstâncias e eventos que nos cercam.

O currículo ambiental, portanto, possui um compromisso com o que podemos chamar de ciência do Eu, cujos principais componentes são entre outros: a autoconsciência (capacidade de observar-se e reconhecer os próprios sentimentos, formar um vocabulário para eles, bem como saber a relação entre eles, os pensamentos e as reações decorrentes), o manejo das tensões (capacidade de compreender o que está por trás dos sentimentos para perceber a base emocional que alicerça as ideologias), a valorização da intuição, da empatia e da auto-revelação (capacidade de identificar padrões e reações emocionais em si e nos outros, respeitar as diferenças, valorizar e construir a confiança num relacionamento), a assertividade e a assunção de responsabilidade pessoal na solução dos conflitos (Stone; Dillehunt, 1978).[3]

Conclusão

Trouxemos inicialmente duas histórias recentes do cotidiano humano. Estabelecemos um elo entre elas e o tema proposto. Esse elo pôde ser estabelecido pelo pensamento sistêmico advindo da teoria geral dos siste-

---

3. **Exercício 2**: sugiro ao leitor uma nova interrupção na leitura. Releia o parágrafo anterior. Dê um tempo para elaborá-lo melhor e procure correlacionar a visão ambiental acima descrita com os conceitos de sexualidade e de família já explicitados neste artigo.

Exercício 3: como último exercício, diferencie os conceitos de sexualidade e família advindos da abordagem tradicional-comportamentalista, daqueles da abordagem ambiental.

mas. Explicitamos as propriedades inerentes aos sistemas. A partir daí, procuramos conceituar os sistemas humano, familiar e do indivíduo-família. Ampliamos o conceito de inteligência e mente. A seguir, conceituamos família e sexualidade pela óptica sistêmica, definindo os seus pressupostos. Apresentamos duas abordagens educacionais, uma como realidade escolar brasileira, outra como possibilidade. Propusemos que o leitor correlacionasse a sua óptica de família e sexualidade com a óptica sistêmica de família e sexualidade descrita pelo artigo, tendo como cenário as abordagens educacionais citadas.

Espero ter despertado o leitor para o fato de que sexualidade, família e educação são processos criativos, dinâmicos, em contínua transformação. Não podemos refletir sobre sexualidade e família na escola sem antes nos indagarmos qual sexualidade, com que tipo de família, em qual escola. Entretanto, conseguiremos aprofundar um pouco mais a discussão do tema se as entendermos como sistemas interagentes e mutantes. O melhor sexo, a melhor família, a melhor escola, isto é, os melhores sistemas são aqueles que se *des-envolvem* no espaço e no tempo, criando vínculos e ampliando identidades.

Dessa forma, devemos compreender como a natureza funciona. Devemos compreender a natureza da própria mudança. A transformação ocorre em etapas características, estabelece ciclos temporais, estágios de organização, sempre no sentido do mais simples para o mais complexo, de maior dependência à maior autonomia e interdependência. Assim é o sentido da evolução da sexualidade, da família e da educação. Firmar um compromisso com o futuro, crer na capacidade de criar algo novo, estabelecer propósitos, explorar várias alternativas sem pré-julgamentos, unir corações e mentes para formar vínculos com tudo e com todos, comprometer-se com propósitos maiores que nós mesmos.

A família como sistema humano é composta por pessoas que possuem potenciais e possibilidades à espera de realização. São dotados de talentos e dons, em permanente estado de manifestação. Criam a própria vida com base em crenças que são produto da síntese e redefinição do passado com a ante-visão consciente e inconsciente do futuro. Somos todos responsáveis por nossa vida e capazes de modificá-la quando quisermos. Perante a criatividade somos todos iguais: empreendemos, divergimos, inventamos, experimentamos, criamos, administramos, modificamos, aperfeiçoamos, lideramos, inovamos, compartilhamos, trocamos semelhanças e diferenças.

Pensar em sexualidade, família e educação saudáveis é poder conjugar todos esses verbos, poder realizar todas essas ações, poder sentir todas essas emoções.

A escola é o espaço público para esse exercício, devendo, portanto, acolher a família. A escola tem como função social ser um centro difusor de conhecimento. Todo conhecimento, como a sexualidade, é patrimônio da humanidade. Portanto, ninguém é proprietário da aprendizagem. Aprendizagem, como diz Minicucci (1996a), é uma atividade que nos acompanha sempre, no trabalho, nas leituras, no relacionamento com a família e com outras pessoas, diante de um aparelho de televisão. Enfim, aprendemos a todo momento, inclusive na escola, com o professor, sem ele ou apesar dele.

A aprendizagem não se realiza apenas na escola e nem é seu privilégio. Logo, a família e a sociedade não podem isentar-se de suas co-responsabilidades com a educação. A escola, por sua vez, não pode limitar o aluno a um mero consumidor de informações, e os pais a meros pagadores de contas. O compromisso da educação é com a formação e não com a informação. Informação consegue-se em qualquer lugar e é de curta duração. Pensar que ensinar é transmitir informações parciais a pessoas fragmentadas, sem a compreensão do Todo contextual, é iludir-se, enganar a si e aos outros, deixar envelhecer a capacidade de aprender.

A verdadeira didática ativa é aquela que ensina a *aprender a aprender*, ou seja, que tem como tarefa o processo de modificar atitudes para com os comportamentos de aprender (Minicucci, 1996b). Ao desenvolver a capacidade de aprender, ou melhor, aprender a aprender, desenvolvem-se meios para se obter um maior número de informações atualizadas sobre qualquer assunto. Unem-se, portanto, a função formativa (atitude de aprender a aprender) com a função informativa (comportamento de acumular informações). Com isso, a educação sexual deixará de ser mais uma disciplina de um currículo escolar fechado e fragmentado, a família sairá do seu papel escolar de receptora passiva dos processos de aprendizagem, e a escola deixará de ser somente um ponto comercial.

Educar ecologicamente (por meio de múltiplas linguagens, do mais simples para o mais complexo, do eu para o mundo, da ação concreta mais próxima para a abstração mais distante, e de atitudes contínuas de reciclagem do saber, procurando conhecer como conhecemos, aprender como percebemos e construímos realidades) é o pleno exercício de todas as "inteligências", da sexualidade na teoria e na prática. Esse é o compromisso fundamental da família e da escola.

> Sexualidade e família na escola.
> Qual sexualidade, qual família, qual escola?
> Escola e família na sexualidade.
> Por que escola, por que família, por que sexualidade?
> Sexualidade e escola na família.
> Para que sexualidade, para que escola, para que família?
> Sexualidade e família na escola, quando?
> Escola e família na sexualidade, onde?
> Sexualidade e escola na família, como?

Bibliografia

BATESON, G.(1982) *Espiritu y naturaleza*. Buenos Aires: Amorcorto.

CARTER, B.; Mcgoldrick, M. e cols. (1995) *As mudanças no ciclo de vida familiar: uma estrutura para a terapia familiar*. 2ª ed. Porto Alegre: Artes Médicas.

GARDNER, H. (1995) *Inteligências múltiplas: a teoria na prática*. Porto Alegre: Artes Médicas.

GOLEMAN, D.(1996)*Inteligência emocional*. 3ª ed. Rio de Janeiro: Objetiva.

GUIRADO, M. (1996) Poder indisciplina: os surpreendentes rumos da relação de poder. In: Aquino, J.G. (org.) *Indisciplina na escola: alternativas teóricas e práticas*. São Paulo: Summus.

LAPLANCHE, J.; PONTALIS, J.B. (1983) *Vocabulário da psicanálise*. 5ª ed. São Paulo: Martins Fontes.

LAND, G.; JARMAN, B. (1994-95) *Ponto de ruptura e transformação*. São Paulo: Cultrix.

MEDINA, N.M. (1994) Elementos para a introdução da dimensão ambiental na educação escolar — primeiro grau. In: IBAMA. *Amazônia: uma proposta interdisciplinar de educação ambiental — documentos metodológicos*. Brasília.

MINICUCCI, A. (1996a) Didática vídeo-circense e aprendizagem arquetípica: fundamentos. São Paulo. (mimeo.)

———. (1996b) *Aprendendo a aprender*. São Paulo: Moraes. (no prelo)

PAPP, P. (1992) *O processo de mudança: uma abordagem prática à terapia sistêmica de família*. Porto Alegre: Artes Médicas.

REICH, W. (1988)*Psicologia de massa do fascismo*. 2ª ed. São Paulo: Martins Fontes.

SAGAN, C. (1996) Vida fora da Terra. In: *Veja*. São Paulo: Abril, ano 29, n.13, pp.84-90.

STONE, K.F.; DILLEHUNT, H. (1978) *Self science: the subject is me*. Santa Monica: Goodyear Publishing Co.

UNICEF (1994) *Família brasileira: a base de tudo*. São Paulo: Cortez.

WAGNER, C.M. (1996) *Freud e Reich: continuidade ou ruptura*. São Paulo: Summus.

Os sentidos da sexualidade:
natureza, cultura e educação

Álvaro Lorencini Júnior*

A sexualidade humana é resultante de um complexo processo envolvendo a hereditariedade e as pressões ambientais, exercidas principalmente pela cultura, que interagem, influenciam e selecionam o comportamento sexual. Ao fazermos uma análise correta dessa complexidade, devemos levar em conta as generalizações. É possível que as respostas mais aceitáveis para as diferenças, particularidades e exceções estejam contidas na própria cultura em que determinado indivíduo e sua herança genética estejam inseridos.

Desse modo, não é sempre que encontramos uma relação direta entre os comportamentos e os padrões gerais da sexualidade humana. Conhecer os aspectos biológicos do sexo e buscar neles as tendências encontradas em nossos antepassados pode ser uma boa maneira de compreender a sexualidade e suas manifestações.

As acentuadas transformações sociais, que detectamos ao longo das últimas décadas e que estruturam a cultura de modo geral, influem de maneira bastante peculiar na "cultura da sexualidade", visto que esta exerce o importante papel de dar um significado à nossa herança genética, possibilitando os diversos comportamentos diante do sexo. Por outro lado, cada indivíduo interage de maneira própria, singular e única com o seu entorno ambiental, e é nesse movimento constante de ação e reação do comportamento que se estabelece aquilo que se costuma chamar de "livre-arbítrio".

Tudo leva a crer que quanto mais conhecermos e compreendermos a sexualidade, maior será a capacidade de ampliar o seu sentido e, ao mesmo tempo, aumentar a amplitude do "livre-arbítrio", para tomadas de decisões autônomas no que tange ao desejo, ao prazer e ao amor.

---

* Biólogo, mestre e doutorando em Educação pela Faculdade de Educação da USP . É professor de Metodologia e Prática de Ensino de Ciências na Universidade Estadual de Londrina (UEL/PR). Tem publicado artigos sobre formação de professores na área de ciências em revistas especializadas.

Dentro dos limites até aqui traçados, pretendemos apresentar a sexualidade sob duas perspectivas distintas, porém complementares. A primeira se refere à natureza do sexo na espécie humana, que será enfocada à luz da evolução darwiniana para que nos aponte os aspectos biológicos mais importantes do sexo que contribuíram para o processo de humanização. Já a segunda perspectiva se refere à sexualidade cultural, para examinarmos como os aspectos culturais influem sobre o indivíduo e sua herança biológica, delimitando uma "cultura da sexualidade".

Tendo em vista que tanto os aspectos biológicos como os culturais são igualmente importantes, propomos uma unidade entre eles que possibilite compreender a sexualidade humana e dotá-la de sentidos. Dessa forma, tendo em vista o processo educativo no âmbito escolar como um possível caminho para que ocorra a ressignificação da sexualidade.

Sexo e natureza ou a natureza do sexo

Na reconstituição da escalada da evolução humana, foram encontrados fósseis (dentes e ossos), na África, que datam de alguns milhões de anos. O trabalho minucioso de especialistas estabeleceu que tais fósseis pertenciam a animais com características mescladas de duas espécies de primatas: os macacos (como os babuínos) e os pongídeos (como o chimpanzé, gorila e orangotango). Não eram animais semelhantes à nossa espécie, mas foi certamente deles que se originaram nossos ancestrais mais remotos.

Através de registros fósseis de sementes e pólens datados dessa mesma época, podemos também imaginar como era o ambiente onde viviam essas espécies primitivas de primatas mata densa formada por árvores de clima equatorial (mognos, seringueiras etc.), lagos e rios. Com uma alta densidade de árvores, é muito provável que esses primatas vivessem em suas copas, coletando frutos e sementes, bebendo a água da chuva acumulada em certas plantas e dormindo apoiados nos galhos mais fortes. É provável ainda que nossos primeiros ancestrais copulassem "com amor", podendo até utilizar-se de carícias pré-copulatórias, como se verá adiante. No entanto, é muito pouco provável que a relação sexual ocorresse com muita freqüência, como uma rotina cotidiana, por exemplo. Isso se deve ao fato de que nas fêmeas primatas, diferentemente do que ocorre com as mulheres, existe o cio, período em que as fêmeas são receptivas para a cópula.

O grupo dos babuínos apresenta um padrão comum de sexualidade a partir do qual podemos inferir sobre a cópula dos primatas ancestrais. Na época do cio, as fêmeas de babuínos exalam um forte odor característico, os genitais incham e enrubescem atraindo o macho para o acasalamento. Ela dobra o corpo e, com toques nas nádegas, posiciona-se de costas para permitir aos machos que copulem. Quando cessa o cio, normalmente cessa também a atividade sexual. As fêmeas de babuínos, em geral, não copulam quando grávidas e até o desmame do filhote, o mesmo ocorrendo com a maioria das espécies de chimpanzés, gorilas e orangotangos.

Assim, é provável que nossos ancestrais praticassem o sexo em períodos determinados, como é provável também que houvesse entre eles uma diversidade de comportamentos que favoreciam a cópula por um período maior (por exemplo, fêmeas com um cio mais longo e fêmeas mais receptivas aos machos que outras).

Essa diversidade de comportamentos nos leva a deduzir que entre as fêmeas houvesse algumas que esporadicamente aceitavam os machos mesmo durante a gravidez e o aleitamento, como de fato pode ocorrer com fêmeas de chimpanzés e gorilas. Assim como se pode legitimamente especular sobre o comportamento de nossos ancestrais primatas, pode-se igualmente admitir a possibilidade de que se masturbassem, como ocorre realmente com fêmeas de gorilas. Ou, ainda, que a fêmeas roçassem mutuamente seus genitais, comportamento homossexual já observado entre as fêmeas de gorilas e chimpanzés.

Nos gorilas foram observados dois padrões de comportamento sexual das fêmeas durante o acasalamento: no primeiro, ela encosta as nádegas contra o corpo do macho, volta-se para ele olhando-o "profundamente" nos olhos e posiciona-se novamente de costas como um convite à copula; no segundo, a fêmea, depois de encostar as nádegas e olhar "profundamente" nos olhos do parceiro, não se posiciona de costas mas sim no seu colo para a cópula frontal. Durante o coito, a fêmea pode soltar grunhidos às vezes suaves, às vezes nervosos.

Entre os chimpanzés encontra-se uma espécie cujas fêmeas se oferecem aos machos em troca de alimento, ou seja, percebendo algum alimento em poder do macho, aproxima-se dele de mão estendida e olha alternadamente para o macho e para o alimento. Depois que o macho lhe entrega o alimento, ela oferece suas nádegas para a cópula. Antes da cópula, porém, macho e fêmea costumam olhar-se demoradamente como no namoro humano, observando-se, ainda, o hábito de andar de braços dados, a troca de beijos nas mãos e nos pés, além de prolongados beijos de língua. Esses chimpanzés copulam nas mais variadas posições, mas sempre em coito frontal, olhando um para o outro enquanto "fazem amor".

As fêmeas das demais espécies de chimpanzés, quando no cio, são sexualmente ativas, copulam várias vezes ao dia com diferentes machos, preferindo aqueles que lhes oferecem alimento. Tanto o macho quanto a fêmea evitam a cópula com parentes próximos (mãe ou irmãos). Algumas fêmeas jovens costumam deixar o seu grupo quando estão no cio para procurar machos do grupo vizinho, comportamento este que podem manter depois de adultas. Esses machos detectam então o cio e preferem copular a agredir a intrusa.

Em contraposição à fêmea das espécies animais, as características mais marcantes da espécie humana são a cópula frontal, a disposição para a cópula em momentos não determinados *a priori* e a presença acentuada do orgasmo. Pelo que vimos expondo, é bastante provável que até nossos ancestrais mais próximos copulavam face a face. Na espécie humana a vagina está localizada numa inclinação que permite uma cópula frontal bastante confortável, comparada à inclinação da vagina das demais fêmeas de primatas. Essa posição permite ainda o contato da pelve do homem que, durante a cópula, estimula o clitóris, tornando a relação extremamente prazerosa. Não é por acaso que a relação sexual frente a frente é o posicionamento mais difundido na maioria das culturas.

O plano de inclinação do canal vaginal das mulheres pode ter surgido na evolução através de uma seleção natural do tipo sexual. Se as fêmeas de nossos ancestrais tinham a vagina nessa posição e davam preferência à cópula frontal, então seus parceiros sexuais podiam observar sua face e suas expressões de prazer. Talvez possamos inferir o mesmo com relação ao macho, já que a cópula frente a frente possibilitou intimidade entre os parceiros e um vínculo afetivo capaz de aumentar cada vez mais o "entendimento" entre ambos. Essas fêmeas ancestrais provavelmente conseguiram consolidar relacionamentos mais duradouros. Em razão disso, essas fêmeas copulavam em maior freqüência com determinados machos, tendo uma numerosa prole e passando essas características reprodutivas para seus descendentes.

Uma segunda característica da sexualidade feminina é o orgasmo. Podemos analisar esse fenômeno, à luz da evolução, da seguinte maneira: o orgasmo feminino é o sinal de que a mulher está sexualmente satisfeita e, ao mesmo tempo, aquilo que garante ao homem que a parceira, uma vez satisfeita, não procurará relacionar-se sexualmente com outros parceiros. Para a mulher, o orgasmo é um fenômeno emotivo intenso, com alterações de sensações extremas e opostas: da "tormenta" à "calmaria". Assim, a evolução do orgasmo possibilitou às fêmeas procurar o relacionamento sexual para aumentar o vínculo íntimo com o parceiro, demonstrando o seu desejo e o seu prazer.

Finalmente, outra característica feminina que desperta a curiosidade dos pesquisadores é a capacidade que as mulheres têm de copular quando querem. Há alguns fenômenos de natureza feminina a partir dos quais podemos elaborar uma explicação para a perda do cio nas mulheres. No período da ovulação, o muco vaginal torna-se viscoso, algumas mulheres sentem dores na região lombar, os seios tornam-se sensíveis e a temperatura corpórea chega a aumentar um grau a mais do que a temperatura normal. Essas alterações que ocorrem durante a ovulação passam praticamente despercebidas pela maioria das mulheres e, por isso, não permitem saber quando ela está realmente no seu período fértil. Assim, para uma mulher engravidar, ela precisa copular com regularidade, e tomar medidas preventivas se não quiser ter filhos.

Os parceiros sexuais das fêmeas ancestrais da nossa espécie, não sabendo quando elas estavam férteis, copulavam com freqüência para gerar os descendentes. Os machos podiam ter mais relações sexuais, já que as fêmeas estavam receptivas sexualmente.

Talvez a mais significativa contribuição da perda do cio para a evolução humana, e particularmente para a sexualidade feminina, foi a possibilidade de a fêmea selecionar os seus parceiros sexuais. As fêmeas ancestrais, sem a química hormonal do cio que as levava a serem sempre receptivas sexualmente, passaram a ter um monitoramento, um maior controle "cerebral" do desejo, podendo copular por diferentes motivos: poder, prazer, amor etc.

As características do comportamento sexual dos homens e mulheres de hoje parecem ser bastante remotas. Através da evolução, nossos ancestrais nos legaram a sexualidade com todos os comportamentos que encontramos atualmente: o olhar, o namoro, o desejo, o orgasmo, o prazer, a infidelidade, o homossexualismo, a masturbação e tudo o mais.

Parece que não foram todos os nossos antepassados que fizeram a mesma opção diante de um padrão sexual tão variado; os indivíduos se diferenciam e estarão sempre se diferenciando. Por mais que uma cultura seja influente sobre a sexualidade, aumentando ou diminuindo a freqüência de determinado padrão de comportamento, é pouco provável que ela consiga eliminá-lo.

Sexo e cultura ou a sexualidade cultural

Os aspectos biológicos da sexualidade e a cultura não se excluem mutuamente, nem são independentes; são, pelo contrário, inter-relacionados e interdependentes. Desse modo, a sexualidade não pode ser considerada como uma característica exclusivamente biológica, nem pode ser tendenciosamente descrita como pertencente apenas à cultura; mas, antes, como uma interação entre a biologia e a cultura na qual tanto os processos culturais como os biológicos se retroalimentam, num *feedback* mútuo" que os mantêm atuantes.

Se, por um lado, a herança genética é algo que é transmitido para os descendentes, de geração a geração, por outro, aquilo que é adquirido durante a vida não é transmitido pela hereditariedade. O legado cultural é um exemplo disso, já que pode ser adquirido por aprendizagem e transmitido pela educação.

As inter-relações entre os fatores biológicos e culturais da sexualidade podem ser consideradas, de modo geral, como componentes que desempenham uma mesma função: a adaptação do indivíduo ao ambiente. Se, por um lado, a cultura é um modo de adaptação mais rápido que o longo percurso dos processos biológicos —, pois as modificações culturais produzidas pela história da sexualidade puderam ser transmitidas através dos tempos —, por outro, a cultura é construída sobre uma base biológica em permanente mudança, podendo-se admitir que tais mudanças são influenciadas por ela.

Entretanto, ocorre uma relutância por parte dos estudiosos em admitir que a herança genética pode influir na cultura. Podemos admitir que o desenvolvimento desta tornou a adaptação aos ambientes menos dependente da herança genética do que acontecia com nossos antepassados préculturais. Mas não há como a cultura desconsiderar completamente a herança genética, já que ela não torna o ambiente humano constante e estável; pelo contrário, torna-o variável e em constante mudança, fato este que é condição necessária e suficiente para ocorrer a seleção natural. As novas interações que os indivíduos estabelecerem entre si e com o meio serão os novos fios que construirão a teia social e, conseqüentemente, a cultura. Para usar de uma imagem já conhecida, podemos dizer que a sexualidade é como um tecido formado por fibras brancas representando os aspectos biológicos e por fibras negras representando os aspectos culturais. Essas fibras estão entrelaçadas e misturadas de tal maneira que tornam o tecido cinza.

Por uma ressignificação da sexualidade

O que é uma sexualidade *verdadeiramente humana?*

Pelo que expusemos até agora, essa é uma questão que talvez não tenha uma resposta simples e imediata.

Considerar a sexualidade como uma função biológica ou como algo determinado pela cultura é reforçar a problemática constante: "irracionalidade biológica *versus* racionalidade social".

Problematizar essa polêmica é buscar as contribuições da cultura para com os mecanismos da manifestação da sexualidade biológica. Entretanto, podemos questionar se foi o *Homo sapiens* quem realmente "criou" o perfume, as oferendas, as ameaças, os rituais e o cortejo, uma vez que já encontramos na natureza todas essas estratégias de atração sexual. Talvez o que a espécie humana descobriu foi a capacidade de combinar e diversificar essas estratégias para reestruturar a cultura, fazendo de cada encontro uma nova e única história. Assim, o encontro sexual é, antes de tudo, a liberdade de renovação da sedução. É o "livre-arbítrio" revelando o que é a sexualidade e esta tornando-se uma dimensão da liberdade humana, liberdade que revela as possibilidades de ressignificação da própria sexualidade.

Devemos, então, reformular a questão inicial do seguinte modo: quais seriam os *verdadeiros significados* da sexualidade humana se a liberdade pode "dirigir" o sentido do destino biológico?

A resposta continua sendo complexa, daí a necessidade de ressignificação da sexualidade, para que nessa busca possamos encontrar uma postura diante do sexo que exerça a liberdade de construir os sentidos da sexualidade humana. Um dos obstáculos encontrados nesse caminho é o de que a "espécie biológica" e a "espécie cultural" são dimensões humanas, e a ressignificação da sexualidade não se encontra no confronto, mas sim na frágil unidade dessas dimensões.

A escola e a sexualidade ressignificada

Ao longo da vida, num processo contínuo de busca dos sentidos da sexualidade, o indivíduo sofre a todo momento as influências diretas daquilo que denominamos "cultura da sexualidade". Essas influências, advindas da família, dos meios de comunicação, da religião ou da escola pressionam, exigem e moldam o indivíduo para adaptá-lo aos padrões de comportamento impostos pela sociedade.

Na escola, a sala de aula representa um espaço onde diferentes aspectos que configuram a cultura estão presentes: valores, interesses, ideologias, costumes, crenças, atitudes, tipos de organização familiar, econômica e social, como também diferentes padrões de comportamento sexual. Desse modo, a sala de aula passa a ser um ambiente cultural onde encontramos tensões, contradições e conflitos.

Dada a sua organização e estrutura, a escola, como instituição social, tende a homogeneizar esses aspectos múltiplos da cultura na sala de aula, ignorando-os, reprimindo-os ou "engessando" as diferenças e contradições. Nesse contexto, a liberdade como uma dimensão da sexualidade, não encontra condições para emergir e se expressar. A ressignificação da sexualidade só será possível se a própria sala de aula for ressignificada, passando a se constituir como um espaço realmente democrático, onde as opiniões, incertezas, divergências e diferenças forem consideradas, discutidas, e, quando possível, superadas.

Se, no âmbito social, a sexualidade sempre foi um tema polêmico, pois está vinculada a outras temáticas não menos polêmicas, tais como: moral, ética, religião, *status* social, relação de poder e gênero etc., no âmbito educativo, é assunto delicado, pois gera alguns "dilemas pedagógicos" do tipo: o quê?, para quê?, quem?, e como orientar a sexualidade dos alunos?

Essas questões devem ser consideradas como interdependentes e integradas a um amplo projeto pedagógico da escola, visando a educação sexual como um processo educativo interdisciplinar, no qual as disciplinas do currículo contribuam com as dimensões psicológica, filosófica, histórica, sociológica e biológica na construção dos sentidos da sexualidade.

Dentre as disciplinas do currículo, podemos destacar ciências no primeiro grau e biologia no segundo como aquelas que marcadamente contribuem para a formação do indivíduo no tocante à sexualidade. Se, por um lado, o professor de ciências ou de biologia está capacitado a fornecer as informações sobre a anatomia e fisiologia dos aparelhos reprodutores masculino e feminino, por outro, ele deve estar comprometido com uma postura pedagógica crítica e democrática que possibilite considerar os aspectos emocionais, culturais e éticos que envolvem os temas abordados. Do mesmo modo que a escola não deve se omitir da responsabilidade de esclarecer, orientar, informar e formar a sexualidade dos alunos, a formação de professores de ciências e biologia também deve compreender o delineamento do perfil pedagógico na perspectiva de um educador da sexualidade. No entanto, essa formação não termina nem se esgota em determinado momento, mas continua constantemente no dia-a-dia escolar, possibilitando que o professor desenvolva algumas habilidades importantes para tratar dos temas relacionados à sexualidade em sala de aula.

Entre essas importantes habilidades, destacaríamos a capacidade de conduzir as atividades de modo dinâmico, aplicando diferentes estratégias (discussões em grupo, jogos e situações simuladas). Cumpre, ainda, dar oportunidade aos alunos de participar das atividades, problematizando os diferentes pontos de vista que eventualmente surjam durante as discussões, e, sobretudo, possibilitar que a sala de aula seja um ambiente de descontração onde os alunos se sintam à vontade para expressar suas opiniões com sinceridade e honestidade; em suma, um ambiente possível para a busca constante e renovada dos sentidos da sexualidade.

Nesse novo contexto, o professor faz da educação sexual uma prática social dotada da intencionalidade de democratizar a sala de aula, respeitando os múltiplos aspectos da cultura nela presentes.

Os eventuais temas referentes à sexualidade que podem ser abordados durante as aulas devem eventualmente surgir a partir do interesse e do cotidiano dos alunos. Esses temas geralmente variam conforme a faixa etária, o grau de escolarização e o nível socioeconômico do grupo. É de esperar que qualquer assunto que venha a ser abordado, por exemplo, a gravidez na adolescência, possa propiciar desdobramentos outros, gerando interesse e motivação para discutir, entre outras coisas, temas como: puberdade, virgindade, ciclo menstrual, métodos contraceptivos, desejo, prazer, amor, sedução, casamento, homossexualidade, "produção independente", abuso e violência sexuais, aborto, DST (doenças sexualmente transmissíveis), AIDS, uso de drogas injetáveis, prostituição.

Todos esses temas demonstram a complexidade de fatores e aspectos que estão interligados e que influem sobre a sexualidade humana. Portanto, somente informações e orientações a respeito da anatomia e fisiologia do aparelho reprodutor, muito embora sejam necessárias, não são suficientes para que possamos compreender a problematização que envolve um determinado tópico da "biologia sexual". Assim, a partir de um tema amplo, delimitado e envolvido por aspectos culturais, pode-se buscar o conhecimento, o entendimento e a compreensão dos aspectos biológicos da sexualidade humana.

Muitas das manifestações da sexualidade humana, como viemos expondo desde o início, são encontradas na natureza. Se são encontradas na natureza, então são sempre naturais para os seres humanos? Devemos tra-

94

tar a sexualidade sempre com naturalidade, já que a cultura não consegue "desnaturalizar" a espécie humana? Acreditamos que tratar com naturalidade a sexualidade não é uma atitude neutra; a natureza humana, no que tange à sexualidade, busca o seu sentido e nisso ela se supera e se ressignifica.

A educação sexual, como um processo social no âmbito escolar, poderá ser considerada como um processo de transformação e mudança, que parte de um projeto coletivo e atinge os indivíduos, cada qual com sua busca particular do(s) sentido(s) da sexualidade.

A sala de aula pode ser uma espécie de laboratório de possibilidades de expressão da liberdade, permitindo que os alunos pensem e reflitam sobre si próprios. Essa atitude crítica promove a autonomia pessoal com confiança e auto-estima, qualidades fundamentais para traduzir e transformar a decisão em ação. A tomada de decisão passa por uma dimensão ética: a liberdade de agir para dar sentido à sexualidade não pode interferir na liberdade e na ressignificação da sexualidade do outro.

Bibliografia

BERNARDI, M. (1985) *A deseducação sexual*. São Paulo: Summus.

DARWIN, C. (1982) *A origem do homem e a seleção natural*. São Paulo: Hemus.

DOBZHANSKY, T.G. (1968) *O homem e a evolução*. São Paulo: Edusp.

FIGUERÓ, M.N.D. (1996) *Educação sexual: retomando uma proposta, um desafio*. Londrina: Editora da UEL.

FISHER, H. (1995) *Anatomia do amor*. Rio de Janeiro: Eureka.

———— (1982) *The sex contract: the evolution of human behavior*. Nova York: William Morrou.

GONÇALVES, S.A.S. (1993) Um compromisso com a comunidade. In: RIBEIRO, M. (org.) *Educação sexual: novas idéias, novas conquistas*. Rio de Janeiro: Rosa dos Tempos, pp.268-278.

GUIMARÃES, I. (1995) *Educação sexual na escola: mito e realidade*. Campinas: Mercado de Letras.

MONESI, A.A. (1993) Adolescência e vivência da sexualidade. In: RIBEIRO, M. (org.) *Educação sexual: novas idéias, novas conquistas*. Rio de Janeiro: Rosa dos Tempos, pp.91-100.

Saber o sexo?
Os problemas da informação sexual e o papel da escola

Rosely Sayão*

> *Estudar, outrora moda, hoje a muitos incomoda;*
> *importava o saber, agora brincam pra valer.*
> *Nossos jovens são astutos, imberbes, já exibem canudos;*
> *arrogantes, insolentes, até parecem inteligentes;*
> *nos tempos bons de outrora, se estudava a toda hora;*
> *aos noventa, tão-somente, aposentavam um discente.*
> *Mas agora, aos dez de idade, jovens passam por abade,*
> *bancam eles os professores: de cegos, cegos condutores.*

(tradução poética de *Carmina Burana*, canção do séc. XIII)

Há pouco tempo a revista *Veja* publicou uma reportagem sobre a influência da mídia no comportamento sexual de nossos jovens. O ponto alto da matéria ficou por conta do depoimento de um garoto de dez anos que garantia não ter dúvida alguma sobre a vida sexual: "Eu sei tudo sobre sexo". Como ele, muitos adolescentes e pré-adolescentes não têm pudor algum em afirmar o mesmo. Aí está: no final do século XX, as informações sobre a sexualidade correm (à) solta entre os jovens por meio de vários veículos, entre eles a escola.

Há muito tempo a escola veicula as informações biológicas sobre a sexualidade. Na disciplina ciências ou biologia, um dos objetivos é o de o aluno conhecer a anatomia e a fisiologia do corpo humano. O aparelho reprodutor é apresentado pela primeira vez para as crianças que chegam a cursar a terceira série do primeiro grau. Nesse momento, o tema aparece na grade curricular como conteúdo mínimo e obrigatório a ser abordado.

---

* Psicóloga clínica e colunista da *Folha de S. Paulo*, do *Notícias Populares* e das revistas *Todateen* e *Dotnet*. Autora de *Sexo: prazer em conhecê-lo* (Artes e Ofícios, 1995).

Dentro da disciplina biologia, o aparelho reprodutor vai sendo apresentado cada vez com um número maior de informações e grau de complexidade, de tal modo que, ao terminar o segundo grau, o jovem deveria estar dominando quase perfeitamente o funcionamento desse aparelho. Apesar do que imaginam e afirmam muitos, como o garoto de 10 anos que fez a declaração à revista, não é o que acontece. O que os jovens têm é a ilusão de que sabem.

Por quê? Por acaso algum aluno que completa a quarta série tem alguma dúvida a respeito do resultado de uma operação aritmética simples qualquer? Ninguém esquece que $2 + 2 = 4$. Depois de aprendida, essa informação é incorporada pelo estudante, que vai usá-la para o resto da vida, de preferência em atividades que fazem parte de seu cotidiano e, com menor felicidade, para fazer cálculos complexos para os quais não consegue encontrar aplicação prática. Mas o que acontece com as informações, preciosas para a vida prática dos jovens, sobre o corpo, no que diz respeito à sexualidade?

Vamos considerar os principais elementos que participam dessa transmissão: o professor, o aluno, a linguagem que medeia essa relação e o local onde esses ensinamentos ocorrem, a escola.

Em primeiro lugar, devemos lembrar que muitos professores, mesmo sem perceber, já ficam incomodados em transmitir esse tipo de conteúdo para seus alunos. Não é difícil que, na apresentação dos aparelhos constitutivos do corpo humano, o reprodutor seja o último da seqüência — o que significa que o professor sempre pode contar com a sorte para terminar o ano letivo sem ter de cumprir com a árdua tarefa. Passa a obrigação para a próxima vítima.

Mas por que tal dificuldade? Começa pelas reações dos alunos ao assistirem a tais aulas: sorrisinhos maliciosos, piadinhas, burburinho geral, perguntas. Ah, as perguntas indiscretas, que ultrapassam o saber da biologia! O pobre professor de biologia passa por poucas e boas ao tentar ministrar com tranqüilidade essas aulas. Além disso, ele mesmo tem sua própria concepção, convicções e valores sobre a vida sexual, incluindo-se aí a moral e os preconceitos.

Em segundo lugar, temos os alunos com sua vida interna, suas convicções, curiosidades, seus anseios, medos e desejos sobre a vida sexual, entre eles alguns percebidos, compreendidos, e outros nem tanto. E isso faz com que cada informação que lhes é transmitida passe por um processo de transformação, antes de ser incorporada, para ser compreendida e utilizada como conhecimento efetivo.

Em terceiro, temos a linguagem que, sempre, além de expressar um pensamento, veicula também um estilo: o de quem fala. Raramente o estilo muito particular de quem ouve é considerado.

Finalmente, temos a escola com seu corpo de regras e normas sobre as condutas sexuais, que se constituem em uma proposta nem sempre clara (ao contrário, muitas vezes contraditória) de educação sexual.

Combinados todos esses ingredientes, podemos ter, como resultado, uma bela salada mista, com aparência vistosa mas pouco digesta, que pode acabar provocando um terrível mal-estar e um grande engano: o de que quaisquer informações sobre a sexualidade que são veiculadas na escola têm valor educativo.

Informação *versus* informação educativa

Em tempos de AIDS e do crescimento da gravidez precoce, levada ou não a termo, em tempos em que os jovens iniciam muito cedo a prática sexual, pais e educadores preocupam-se em municiar os adolescentes, o mais cedo possível, do maior número de informações que, eles imaginam e julgam, devam ser devidamente utilizadas por eles pela vida afora.

Muitas escolas, conscientes de sua responsabilidade social e/ou pressionadas pelos pais, estão procurando colocar em prática a chamada "orientação sexual". E os jovens, a cada dia que passa, mais informações recebem sobre o assunto.

E o que fazem com elas? Por que esta geração, que é, talvez, a que mais dados tem sobre o corpo, o aparelho genital e o seu funcionamento, abriu um espaço enorme entre o saber e o agir? O índice de natalidade entre jovens de 14 a 19 anos cresceu nos últimos vinte anos, e esse é apenas um dos indicadores do buraco negro que existe entre o acesso às informações e a utilização delas.

A primeira questão que se levanta a partir desses dados é que a forma como estão sendo veiculadas essas informações está fazendo com que elas sejam inócuas, irrelevantes, esquecidas, deturpadas ou, pior, nefastas.

O que diferencia uma informação de uma informação educativa? Simples: o reconhecimento do interlocutor a quem se dirige a informação. Simples? Nem tanto.

Quem é esse adolescente, afinal, que precisa ter os conhecimentos necessários a respeito da sexualidade e usá-los? Em primeiro lugar, é uma pessoa que passa pela maturação sexual fisiológica e que, portanto, sofre uma mudança radical, se bem que lenta, em seu corpo, o qual se torna um desconhecido para ele mesmo.

Em segundo lugar, alguém que está submetido a vários tipos de excitações sexuais, tanto internas quanto externas: as do meio em que vive, as orgânicas (ah, os hormônios e suas ações!), e as psicológicas, de seu mundo interno.

Em terceiro, uma pessoa que, no trajeto de um caminho que é travessia, se esforça para não viver apenas respondendo aos anseios dos pais e adultos que a rodeiam, o que ganha o nome de "conflito de gerações". E, mais importante, uma pessoa que quer falar, que quer viver e que, muitas vezes, não se dá conta do quanto, ainda, terá de vida pela frente.

Então, como dar a qualidade educativa às informações sobre a sexualidade dirigidas a essas pessoas considerando essas características e outras ainda, como a classe social e econômica, o meio cultural, familiar e regional?

A prática saudável da sexualidade supõe a conjunção de vários fatores: o funcionamento do corpo, os valores sociais, éticos e morais do meio social em que vive a pessoa, as leis culturais e a estrutura psíquica. Assim, as informações puramente orgânicas, adquiridas nas aulas de biologia, por exemplo, dizem sempre respeito ao corpo de um sujeito teórico, objeto de estudo das ciências, anônimo portanto: que não vive, não tem história, não deseja, não fala, não sofre, nem vive a angústia de crescer. Jamais serão utilizadas pelos jovens em sua vida sexual concreta.

As informações sobre a sexualidade só serão educativas quando tiverem o endereço postado corretamente. E com o remetente identificado e devidamente qualificado.

As atuações da escola

Não há dúvida alguma de que a escola desempenha uma função na educação sexual de seus alunos. O grande problema é que os seus representantes diretos entre os jovens, os professores, nem sempre se dão conta disso em suas ações individuais e/ou coletivas.

Como toda instituição, a escola tem seu corpo de regras, quase nunca explícitas e compartilhadas por todos os seus representantes, a respeito dos comportamentos dos alunos que expressam a sexualidade. Como o assunto é incômodo, complexo e não faz parte do conteúdo obrigatório, raramente é discutido pelo grupo dos educadores. Mas o que se verifica, no dia-a-dia, é que os alunos o tornam tema obrigatório em sala de aula.

Respondendo a essa demanda, cada professor faz o que pode. E o resultado é que, em geral, cada um age de acordo com sua experiência pessoal e disponibilidade, norteado, geralmente, por informações colhidas em breves cursos, palestras ou leituras realizadas por interesse próprio, e a sempre presente boa intenção — que, infelizmente, lota os infernos.

Esse tipo de atitude pode ter ressonância zero entre os alunos, dependendo do tipo de relação que eles tenham com o professor. Mas isso não é o pior: pode funcionar como um verdadeiro ato terrorista na tentativa, ingênua muitas vezes, de limitar algumas ações da vida sexual consideradas perigosas para os adolescentes.

Para ilustrar, relato a resposta de uma professora a uma adolescente de 14 anos, que lhe perguntou o que era um aborto. "É o assassinato de um filho", foi a resposta pronta e apaixonada da mestra. Na sua compreensão, essa resposta poderia auxiliar a garota a usar algum método anticoncepcional seguro quando praticasse o sexo. Duplo engano: primeiro, o da crença de que a informação sexual moralizante possa inibir algum tipo de ação, e, segundo, o de creditar à jovem estudante uma conclusão que era ansiada pela professora mas não contida na pergunta da aluna.

Qual a resposta correta? Com toda a objetividade possível, o aborto é a interrupção da gravidez. Apenas isso. Mas a pergunta poderia significar um pedido, não ouvido pelo adulto, de estabelecer um diálogo a respeito do assunto. A resposta da professora teve um efeito, reconhecível, sim: o de calar a boca de quem queria falar. Efeito mais benéfico teria sido o de ela ficar de boca fechada.

Algumas escolas, já atentas ao problema, se esforçam em contratar serviços de orientação sexual com profissionais preparados para tal. Mas, quase sempre, essas atuações são pontuais, o que, certamente, alcança um grau de êxito que, aos poucos, vai se diluindo e se perdendo no tempo, por não se constituir em um processo. Os profissionais da área sabem que apenas um trabalho que tenha continuidade pode ter resultados efetivos.

O trabalho do dia-a-dia na escola é realizado pelos professores, que mantêm com os alunos uma relação de grande proximidade. São eles, portanto, os profissionais que poderão contribuir para que seus alunos tenham uma visão positiva e responsável da sexualidade.

Mas que tipo de atuação podem eles ter e com que alcance?

O papel da escola

Antes de mais nada, é bom que as escolas percam um estereótipo muito difundido: o de que o professor de biologia é aquele que mais reúne condições para atender mais de perto à demanda dos alunos com as questões da sexualidade. Ultimamente, o professor de educação física também tem recebido esse encargo.

É compreensível que quem ensina o aparelho reprodutor e quem trabalha com o corpo sejam alvo das perguntas mais indiscretas por parte dos alunos, mas nem sempre esses professores têm disponibilidade pessoal para realizar a tarefa, ou querem isso. Tal posição deve ser respeitada.

Na verdade, se o professor tem a disponibilidade pessoal para se responsabilizar pelo trabalho, sua área de conhecimento pouco importa.

Se ele pode estabelecer uma relação de confiança com os alunos sem criar cumplicidades; se ele consegue suspender seu juízo de valor quando conversa com os jovens; se ele é capaz de ouvir antes de falar, sempre mantendo a posição de assimetria com os alunos, requisito indispensável para que a angústia do jovem se expresse, os conhecimentos necessários para o bom exercício do trabalho serão adquiridos com facilidade.

Os alunos trazem de casa valores, conceitos e preconceitos que estão colocando em xeque e, claro, solicitando sutilmente que os professores os auxiliem a ter condições de provocar choques. Importante é não cair nessa cilada.

Para tanto, a parceria da escola com os pais é fundamental para que os esclarecimentos possam fluir tranqüilamente, sem provocar grandes terremotos.

Nem todos os pais conseguem ver que seus filhos cresceram e que já podem e querem saber a respeito de "certas coisas". A escola pode, e deve, auxiliar os pais a deixar de praticar a política do avestruz — que coloca a cabeça no buraco e nada vê, nada ouve e nada fala.

Parceria nem sempre significa concordância, o que, no entanto, não deve impedir o desenvolvimento do trabalho, desde que a escola saiba entender a angústia dos pais e suportá-la, sem criar impedimentos a partir disso. A escola deve saber reconhecer que cada família tem seus valores, que são transmitidos para os filhos. Não cabe à escola competir com a família nem ocupar o seu lugar. Ela deve ter o seu papel claramente diferenciado e definido.

Mesmo cumprindo o seu papel com responsabilidade e competência, a escola tem seus limites no trabalho de informar os alunos e auxiliá-los a terem seus próprios valores na vida sexual, sabendo respeitá-los com coerência.

Um deles é o de o aluno falar e ouvir em grupo. Ele precisa, inclusive, aprender a respeitar esse limite, a saber preservar sua intimidade, formulando suas dúvidas e questionando conteúdos sem se expor, sem colocar sua privacidade em risco. E é nesse limite que termina a possibilidade de trabalho na escola.

Mas isso não significa que professores, orientadores, pais e alunos não possam contar com outros veículos auxiliares para complementar a formação sobre a sexualidade.

A mídia e as informações sexuais

Sexo vende, isso todo mundo sabe. Principalmente para adolescentes. Claro, adolescente é tarado mesmo e só pensa "naquilo". Quer ler a respeito, quer conversar sobre, trocar idéias, perguntar, saber. E haja publicações destinadas aos chamados *teens*, com muitos conteúdos e informações sexuais! O mercado está crescendo e movimenta milhões. Mas o que há de aproveitável nisso?

Muito pouco. Como já sabemos, boa intenção nessa área não basta. É preciso muito rigor científico, preparo profissional e formação pessoal para conversar com os adolescentes sobre sexo. Além disso, utilizar uma linguagem dirigida ao jovem. Não se trata apenas de falar ou escrever em linguagem coloquial, ou de usar gírias próprias dessa tribo. Isso é muito fácil. É preciso que o estilo lhes seja íntimo, para que possam ouvir. E, novamente, sem jamais deixar a posição de adulto e entrar, com eles, em um jogo de sedução.

Todos sabem o quanto os jovens são cruéis e irônicos nas brincadeiras entre si, o quanto são bufões, criativos e inesperados em suas respostas. Pois esse é o estilo muito particular deles. E é de acordo com esse estilo, acima de tudo prazeroso, que eles podem dizer muitas de suas verdades e ouvir outras tantas.

A linguagem aprendida quando criança é o modelo dos pais e adultos que, hoje, os adolescentes tentam abandonar, como marca de um corte. Ao entrar na adolescência, o jovem perde o corpo infantil, a segurança e a proteção dos pais, mesmo que ilusórias, e inicia o contato com a dura realidade: a impossibilidade de ser completo. Essa completude nunca existiu na verdade, mas sempre foi imaginada na infância, tendo como protagonista complementar principal a mãe.

Essa mesma mãe foi quem iniciou a criança no mundo das relações, pouco a pouco mediada pela linguagem. Pois essa linguagem, na adolescência, é rejeitada por representar tudo o que o jovem não mais pode ter.

Rejeitar que o jovem se expresse em sua linguagem é negar uma de suas primeiras tentativas de experimentação na entrada nesse mundo diferente, misterioso, excitante e, ao mesmo tempo, perigoso e ameaçador da sexualidade adulta.

Qualquer diálogo, escrito ou face a face, que se tente entabular com os jovens sem reconhecer sua linguagem e o seu estilo, tende ao fracasso. Ele poderá até "curtir", como muito bem dizem, mas o aproveitamento será igual ao de quando lê um texto qualquer por pura obrigação, sem nenhum interesse pessoal.

O sexo, para os jovens, tem o caráter de prazer e sacanagem. E para que eles possam, realmente, ouvir o que precisam, refletir, repensar, questionar o que pensam, o que falam e, sobretudo, o que fazem, é preciso que isso seja considerado. De nada adianta veicular as informações sobre o funcionamento do corpo de forma asséptica e desvinculada do prazer e da sacanagem, pois desse modo o jovem continuará do mesmo jeito que estava quando começou a conversa ou leitura.

Além disso, é preciso ouvir o que ele pergunta. Nem sempre o jovem entende o que se passa com ele e sua sexualidade. Tampouco os adultos. Mas não é preciso compreender o jovem e sua sexualidade para poder acompanhá-lo em seu caminho. Ao contrário, sempre que compreendemos estamos, na verdade, usando nosso próprio referencial e isso provoca um distanciamento maior ainda, dele consigo mesmo.

O que nós, adultos, precisamos é permitir que ele mesmo se compreenda. Para isso, é necessário ouvir nas entrelinhas o que ele quer dizer mas não pode, não consegue. E as melhores respostas às suas indagações são as que, além de passar as informações necessárias, vão remeter o jovem de volta a si mesmo. Nu e cru.

O receio de ser indelicado, grosseiro ou vulgar ao tratar as questões da sexualidade com os jovens pode acabar reprimindo o que estava quase por vir à tona.

Hoje em dia, a maioria das publicações na mídia sobre a vida sexual conta com um ponto de partida: as perguntas dos leitores, que chegam aos montes. O que significa esse fato? Por que jovens, mesmo privilegiados, que têm pais esclarecidos, acesso a escolas preparadas para realizar esse trabalho, leituras e outros recursos mais, insistem em dúvidas e demandam respostas?

A oportunidade de se reconhecer na mídia, ter sua dúvida respeitada, comentada, esclarecida, ser objeto de alguma brincadeira e, ao mesmo tempo, ter sua identidade preservada com o uso de algum recurso que permite o anonimato são algumas das pistas.

Na maioria das vezes, o jovem não pode abrir o jogo de confusão em que está metido para explicitar sua dúvida. Nas colunas, como a que assino no caderno "Folhateen", da *Folha de S. Paulo*, isso é possível. Esse espaço permite que algo do privado se torne público na medida do possível, isto é, permite que se assegure um intervalo configurado ao mesmo tempo como limite do privado e limiar do público.

O jovem reconhece suas palavras e suas dúvidas, sabe que é ele e, ao mesmo tempo, que ninguém mais sabe. Esse fato coloca na parada outros milhares de jovens, que se identificam com os problemas, as dúvidas e, especialmente, com a oportunidade de contar um fragmento de sua história para muitos desconhecidos. E são principalmente esses os motivos que concorrem para que o que é lido possa ser aproveitado como material e absorvido.

Muitos professores, mesmo que intuitivamente, perceberam o valor dessas publicações e as usam com seus alunos como ponto de partida de um trabalho a ser realizado por um grupo de jovens identificados. E cada um dos jovens sabe que aquela carta, com aquela história, bem poderia ser a dele.

Algumas conclusões

O organismo e seu funcionamento são apenas um suporte para o exercício da sexualidade. O grande acontecimento na época da adolescência é o encontro da pessoa com a possibilidade do exercício adulto de sua sexualidade, na busca do encontro consigo mesmo e com os outros. Isso não acontece sem angústias e dificuldades.

Os adultos que têm uma relação significativa com os jovens, entre eles os professores e demais profissionais da escola, podem dialogar sobre a sexualidade, esclarecer algumas dúvidas e, principalmente, permitir que eles queiram saber. Tudo isso desde que esses adultos queiram e se preparem para isso.

Mas não basta querer para poder: é preciso que essa disponibilidade do adulto seja instrumentada — o que nem sempre é simples como pode parecer à primeira vista. O professor precisa sentir-se à vontade para se relacionar com os jovens, sem medo de ser adulto no momento em que se aproxima deles, de suas intimidades e segredos, usando como instrumento a linguagem somente. Claro, não apenas a linguagem das palavras.

Uma linguagem que fale não de órgãos e funções do organismo, objeto de estudo da ciência, mas de um corpo que tem, quer e faz sexo. Um corpo que se desenvolve, que está submetido a excitações. Um corpo que tem limites, que dá prazer e que sofre. Um corpo que é suporte de desejos. Um corpo adulto em uma cabeça que não é mais de criança e que ainda será de adulto.

O jovem pode, sim, ter uma visão positiva da sexualidade, além dos conhecimentos relativos ao funcionamento do corpo, ao processo reprodutivo e aos riscos de contrair e transmitir doenças. Essa visão supõe também responsabilidade, alegria, prazer e limites. Valores, conceitos e preconceitos. Medos, receios, repressões e inibições. Pressões pessoais, familiares, sociais. Fantasias e sonhos. Desejos expressos, escondidos, censurados e proibidos. Vontade de saber, de fazer, de experimentar. Emoções, sensações, sentimentos. Relacionamentos, frustrações, tabus.

É disso tudo que se fala com os jovens quando o tema é sexo. O que não se pode é contribuir para que o jovem tenha a ilusão do saber. Saber tudo sobre sexo? Jamais!

Orientação sexual na escola:
os territórios possíveis e necessários

Yara Sayão*

De início, podemos afirmar que não se trata de novidade quando se pensa a questão da sexualidade na escola. Vejamos alguns fatos e datas significativos que constam do histórico da educação sexual em outros países.

Embora pouco se saiba sobre a história da "entrada" da sexualidade na escola, alguns estudiosos apontam que, na França, a partir da segunda metade do século XVIII, a chamada educação sexual começou a preocupar os educadores, coincidindo com o desenvolvimento de noções relativas à repressão das manifestações da sexualidade infantil. Nesse momento, portanto, o objetivo maior era o combate à masturbação, tendo como pano de fundo as idéias de Rousseau, para quem a ignorância era a melhor garantia de manutenção da pureza infantil. Na medida em que não se podia assegurar a ignorância absoluta, a informação dirigida e repressiva era o "menor dos males", preservando assim a criança dos "perigos" da sexualidade. Na verdade, instalava-se na França, nesse período, uma educação verdadeiramente "anti-sexual". (Barroso e Bruschini, 1982)

No final do século XIX, retomou-se a questão da abordagem da sexualidade nas escolas, agora regida pela preocupação com as doenças venéreas, a degenerescência da raça e o aumento dos abortos clandestinos.

No início do século XX, houve também iniciativas favoráveis à educação sexual, desta feita com a finalidade de ensinar os jovens a transmitirem a vida, dada a ligação entre instinto sexual e reprodução humana. Data de 1920 a promulgação da lei francesa que proíbe o aborto e a propaganda anticoncepcional.

No período pós-guerra, ainda na França, retomaram-se os estudos e propostas para a introdução da educação sexual nas escolas, e, em 1973, decidiu-se oficialmente inseri-la nos currículos das escolas.

---

* Psicóloga do Serviço de Psicologia Escolar do Instituto de Psicologia da USP e membro do Grupo de Trabalho e Pesquisa em Orientação Sexual/GTPOS. É co-autora de *Sexo se aprende na escola* (Olho D'água, 1995), *Em tempos de AIDS* (Summus, 1992) e *Dez medidas básicas para a infância brasileira* (Unicef; Fundação Abrinq, 1994).

Já no Brasil, a história da educação sexual tem sido marcada por avanços e recuos (Barroso e Bruschini, 1982). No início do século, pela influência das correntes médico-higienistas em voga na Europa, surgem as primeiras idéias sobre educação sexual, que apregoavam o combate à masturbação e às doenças venéreas, visando também à preparação da mulher para o exercício do papel de esposa e mãe.

Na década de 20, segmentos sociais inovadores, entre eles feministas lideradas por Berta Lutz, reivindicavam a educação sexual, porém com objetivos diferentes, entre eles o de proteção à infância e à maternidade. E, em 1928, aprovou-se, num congresso nacional de educadores, a proposta de um programa de educação sexual em escolas.

Em 1930, o jornal *Diário da Noite* realizou pesquisa e obteve resposta de grande apoio à educação sexual, revelando, no entanto, divergências quanto às estratégias de ensino e conteúdos programáticos. Nesse mesmo ano, no Rio de Janeiro, o Colégio Batista incluiu em seu currículo o ensino da evolução das espécies e da educação sexual. O professor Stawarski, responsável pela iniciativa, sofreu processo jurídico e foi demitido posteriormente, muito embora o programa inicialmente se restringisse à análise do papel da mulher na reprodução, e, cinco anos mais tarde, incluísse o estudo do comportamento sexual masculino. Algumas poucas advertências sobre o comportamento sexual eram, então, levadas a cabo.

Não se tem conhecimento de outros trabalhos ou iniciativas ligados à educação sexual entre esse período e a década de 50, época em que a Igreja Católica mantinha severa repressão ao tema. Nos anos 60, no entanto, surgem os livros do padre Charboneau, todos escritos sob a ótica da moral católico-cristã e bastante difundidos entre pais e educadores.

A década de 60 foi um período em que ocorreram experiências importantes tanto em escolas públicas como particulares: entre 63 e 66, um colégio em Minas Gerais manteve um programa de educação sexual para alunos do então quarto ano ginasial (a oitava série atual); no Rio de Janeiro, o Colégio Pedro de Alcântara adotou, a partir de 64, o ensino de educação sexual em todas as séries. Em 68, também os colégios cariocas André Maurois, Infante Dom Henrique e Orlando Rouças introduziram a educação sexual em seus currículos. Neste último, o final foi drástico: uma crise na escola, relacionada ao clima de liberdade produzido pelo trabalho, resultou na exoneração da diretoria, suspensão de professores e expulsão de alunos (Guimarães, 1995).

No estado de São Paulo ocorreram, igualmente, experiências significativas na rede pública. Entre 1954 e 1970, o serviço de Saúde Pública do Departamento de Assistência ao Escolar oferecia aulas de orientação sexual às meninas da quarta série primária. Educadores sanitários e professores davam informações sobre as transformações da puberdade também às mães. O programa foi interrompido por determinação da Secretaria da Educação.

De 1963 a 1968, o Colégio de Aplicação Fidelino Figueiredo, ligado à Faculdade de Filosofia da USP, desenvolveu trabalhos na área da sexualidade com seus alunos. A coordenação ficava a cargo do orientador educacional com colaboração dos professores de ciências. Manteve-se também um programa destinado aos pais. Os Ginásios Vocacionais de São Paulo, entre 1961 e 1969, tinham a educação sexual em seu currículo, assim como o Ginásio Estadual Pluricurricular Experimental/GEPE, no período de 1966 a 1969.

As experiências da década de 60, em São Paulo, sobretudo na rede pública de ensino, já apresentavam intensas mudanças em relação àquelas que apenas abordavam a informação dos aspectos biofisiológicos, e tinham como meta a normatização de condutas.

Os relatos existentes dos trabalhos desenvolvidos nos Ginásios Vocacionais e Pluricurriculares, bem como os do Colégio de Aplicação, revelam que além da informação, a formação de valores e conceitos se incluía nos programas adotados. Os próprios alunos sugeriam os temas de discussão e, abertamente, debatiam o tabu da virgindade, o amor livre, as pílulas anticoncepcionais e outras temáticas da época. Orientadores educacionais e professores eram os responsáveis pelas sessões de grupo e pela integração do conteúdo de educação sexual nas matérias tradicionais.

Em 1968, a deputada Júlia Steimbruck, do Rio de Janeiro, apresentou um projeto de lei que propunha a introdução obrigatória da educação sexual em todas as escolas do país. Em novembro de 1970, esse projeto de lei ainda se encontrava em tramitação. Apesar de ter recebido apoio de parte dos deputados, intelectuais e educadores, teve maior peso o parecer contrário apresentado pela Comissão Nacional de Moral e Civismo, que, no mesmo ano, pronunciou-se radicalmente contra a introdução da educação sexual nas escolas. Uma frase já famosa desse parecer, ao defender as supostas inocência, pureza e castidade das crianças dizia: "Não se abre à força um botão de rosa, sobretudo com as mãos sujas".

O país atravessava, então, um período de intensa repressão em todos os níveis, o que resultou no fechamento dos Ginásios Vocacionais e Experimentais. A maioria dos trabalhos existentes em educação sexual naquele momento foi interrompida, e houve então um sensível retrocesso. Instalou-se no país um clima de moralismo, puritanismo e medo, e as poucas experiências que se mantiveram não eram divulgadas, embora não houvesse uma proibição legal propriamente.

A partir de 1975, reapareceu o interesse pela educação sexual, provavelmente devido às grandes mudanças observadas no comportamento dos jovens pós-68, às influências dos movimentos feminista e de controle da natalidade.

Documentos oficiais da época mencionam a educação sexual em programas de educação da saúde, tanto em parecer do Conselho Federal de Educação de 1974, como em guias curriculares para o ensino do primeiro grau do estado de São Paulo de 1975. Entretanto, a própria Secretaria de Educação de São Paulo impediu a oficialização da educação sexual nas escolas no período de 1975 a 1979, sob a alegação de que ela era da responsabilidade exclusiva da família.

No final dos anos 70 e início dos anos 80, houve algumas iniciativas nas redes públicas municipal e estadual em São Paulo. De 1978 a 1980, realizaram-se congressos de educação sexual nas escolas e registrou-se o grande interesse que o tema desencadeava no meio educacional. Desta feita, as experiências em educação sexual não mais foram repressivamente proibidas, mas desativadas por causa da precárias condições de trabalho e alterações político-administrativas nas Secretarias de Educação.

Ainda em São Paulo, em 1979, a Fundação Carlos Chagas coordenou uma pesquisa com jovens entre 15 e 17 anos para avaliar valores relativos à sexualidade. Orientadores educacionais foram capacitados para a coordenação de 12 grupos de jovens de diferentes escolas e classes sociais, no município de São Paulo. Nessa pesquisa, que era também um programa de educação sexual, o objetivo era propiciar a livre discussão de normas, padrões de comportamento e atitudes relativos à sexualidade. Promovia, nos debates com os jovens, a distinção entre princípios (igualdade entre homens e mulheres, respeito mútuo, liberdade e integridade pessoal) e valores controvertidos (ligados ao uso de anticoncepcionais, aborto, virgindade etc.), propondo a sexualidade como aspecto natural e positivo da vida humana. Como resultado desse trabalho, foram publicados dois livros que se tornaram referência para a maioria dos trabalhos posteriores na área.[1]

No âmbito extra-escolar, o período inicial dos anos 80 foi pródigo na veiculação e divulgação de questões ligadas à sexualidade. Surgiram serviços telefônicos, programas de rádio, o programa de Marta Suplicy na televisão (que gerou grandes polêmicas), e também enciclopédias e fascículos vendidos em bancas de jornal, todos destinados a responder questões sobre sexo. Congressos e encontros profissionais foram realizados com a participação de educadores, médicos e cientistas sociais. Tudo isso contribuiu para intensificar o debate sobre a inclusão de educação/orientação sexual nas escolas.

No decorrer da década de 80 proliferaram as iniciativas na rede privada de ensino em vários estados do país, inclusive em escolas de orientação religiosa. Esse aumento na demanda se deve principalmente ao surgimento da AIDS e ao aumento da gravidez indesejada entre adolescentes, fatos estes preocupantes para os educadores.

Muitas escolas abriram espaço para a temática da sexualidade apenas por meio de palestras, encontros ou debates a cargo de psicólogos ou médicos, ou pela abordagem ampliada dos conteúdos relativos à reprodução

---

1. Barroso, C.; Bruschini, C. *Sexo e juventude*. (Cortez, 1990) *Educação sexual*: debate aberto. (Vozes, 1982)

humana na disciplina ciências. Outras escolas optaram pela implantação de programas sistemáticos entre alunos, sob a coordenação de professores.

Em 1989, a Secretaria Municipal de Educação de São Paulo, então sob a responsabilidade do Professor Paulo Freire, decidiu implantar orientação sexual inicialmente nas escolas de primeiro grau, e depois nas de educação infantil. O diferencial dessa intervenção foi a cuidadosa formação de professores, que passavam por curso inicial e acompanhamento continuado em supervisão semanal, formação esta sob a responsabilidade do Grupo de Trabalho e Pesquisa em Orientação Sexual/GTPOS[2]. Em 1992, o trabalho nas escolas municipais de São Paulo atingiu cerca de 12 mil alunos.

A partir dessa experiência, a Secretaria Municipal de Educação de Porto Alegre criou projeto similar, e já na década de 90 redes municipais de ensino de cidades como Florianópolis, Recife, Campo Grande, Goiânia, Belo Horizonte e Santos também criaram a orientação sexual nas escolas.

Concomitantemente, consolidaram-se várias instituições de natureza não- governamental (tais como: SOS CORPO, ABIA e ECOS, entre outras) voltadas para a produção de material e formação de profissionais da educação para o trabalho de orientação sexual e prevenção de doenças sexualmente transmissíveis e AIDS.

Já em 1995, o MEC coordenou a elaboração dos "Parâmetros Curriculares Nacionais para o Ensino Fundamental", trabalho este em fase de conclusão atualmente, para ser apreciado pelo Conselho Nacional de Educação. Essa proposta inclui a orientação sexual como um dos "temas transversais" a serem abordados no primeiro grau, de forma articulada com as disciplinas e outros temas como: ética, saúde, meio ambiente e pluralidade cultural.

A orientação sexual: da escola para a vida e vice-versa

Vimos, pelo histórico anterior, que os trabalhos já realizados têm diferentes enfoques assim como denominações diversas. Em sua origem, a educação sexual se caracteriza pelo aspecto informativo, biologizante e repressivo às manifestações da sexualidade. Em certos períodos teve como objetivo o controle da natalidade, e, mais recentemente, tem visado associar a idéia do prazer à sexualidade.

---

2. O GTPOS é uma equipe, composta por psicólogos e pedagogos, que se dedica, desde 1987, à formação de profissionais para o trabalho com orientação sexual nas áreas de educação e saúde. Além disso, tem implantado projetos de intervenção direcionados à prevenção das doenças sexualmente transmissíveis/AIDS em escolas das redes pública e privada em São Paulo e outras cidades do país. Uma de suas principais contribuições foi a elaboração do *Guia de Orientação Sexual — diretrizes e metodologia*. A partir de 96, O GTPOS inaugura um centro de documentação e informação em sexualidade humana. Mais informações, entrar em contato pelos telefones (011) 822-8249 e 822-2174 (fax), ou em sua sede situada na Rua Monte Aprazível, 143, Vila Nova Conceição, São Paulo, SP - CEP 04513-030.

E hoje, como essas questões se colocam? Por que trabalhar com educação sexual (ou será orientação?) na escola? E qual concepção adotar? A educação sexual ocorre, na verdade, desde o nascimento. É predominantemente no território familiar, da intimidade, que são transmitidas à criança as primeiras noções e valores associados à sexualidade, em geral não explicitamente. O comportamento dos pais entre si, na relação com os filhos, no tipo de recomendações, nas expressões, gestos e proibições que estabelecem, tudo isso transmite os valores que a criança incorpora. O fato de a família possuir valores conservadores, liberais ou progressistas, professar alguma crença religiosa ou não, e a forma como o faz, determina em grande parte a educação das crianças.

Há ainda a influência de muitas outras fontes: pessoas significativas do círculo extrafamiliar, livros, produção artístico-cultural e ainda, nos dias de hoje, assumindo um grande espaço, a mídia e a escola. A televisão veicula novelas, filmes e propagandas intensamente erotizadas, revistas e jornais, não raras vezes, estampam material fotográfico (em propaganda principalmente) aludindo à sexualidade. Isso gera excitação e incremento na ansiedade relacionada às curiosidades e fantasias sexuais da criança.

Por outro lado, programas jornalísticos e científicos, campanhas de prevenção à AIDS veiculadas na TV enfocam a sexualidade dirigindo informações a um público adulto. As crianças também os assistem mas não podem compreender por completo o significado dessas mensagens, construindo, por vezes, conceitos e explicações errôneas sobre a sexualidade. A mídia atua de forma marcante na construção da sexualidade das crianças.

A escola também se constitui num importante agente nesse campo. Não é apenas nas portas de banheiros, muros e carteiras que se inscreve a sexualidade no espaço escolar. Ela invade por completo essa "praia". As atitudes dos alunos no convívio escolar, o comportamento entre eles, as brincadeiras e paródias inventadas e repetidas, tudo isso transpira sexualidade. Ao não reconhecer essas múltiplas manifestações, é como se a escola realizasse o pedido, impossível de ser atendido, de que os alunos deixem sua sexualidade fora dela.

No cotidiano escolar, quando se proíbe (ou inibe) certas manifestações, quando se intervém junto a um aluno que "se excedeu", ou quando se convoca os pais para uma conversa reservada, em todas essas situações a escola está (re)produzindo certos valores morais, mais ou menos rígidos, dependendo do profissional que protagoniza uma dada situação. E é exatamente por reconhecer o importante papel da escola na construção dos aspectos concernentes à sexualidade que se fundamenta a proposta de que a escola realize a denominada orientação sexual.

O conceito de orientação aqui adotado é similar ao do modelo pedagógico de não-diretividade, ou seja, a problematização das questões trazidas pelos alunos. Trata-se, no entanto, de um processo de intervenção planejado, intencional e sistemático, que inclui o esclarecimento das dúvidas, o questionamento das posições estanques e a ressignificação das informações e valores incorporados e vivenciados no decorrer da vida de cada criança ou jovem.

Uma vez que, querendo ou não, a escola interfere na construção da sexualidade de cada aluno, a proposta aqui é a de que a escola reflita sobre seu papel, e ao abordar esse tema o faça de forma consciente e profissional.

Há ainda outro aspecto envolvido na importante relação entre escola e sexualidade: o desejo de saber. Sabemos que o aprendizado, de uma forma geral, está subordinado às primeiras curiosidades infantis. A não satisfação das curiosidades da criança sobre a sexualidade gera tensão e ansiedade na medida em que se constituem em questões significativas para cada sujeito e em núcleos importantes que impulsionam o desejo de saber ao longo da vida. A paixão pelo aprender pode articular-se com o prazer que também é vivido no âmbito da sexualidade. A sexualidade, assim como a inteligência, será construída a partir das características singulares e de sua articulação com o meio e a cultura.

Como decorrência, devemos delimitar a atuação do educador, situando, portanto, a escola num patamar diferente da família. Colocam-se também a necessidade de formação específica aos educadores e a eleição de princípios norteadores da proposta de orientação sexual — tópicos que serão abordados mais adiante.

O trabalho de orientação sexual desenvolvido pela escola deve diferenciar-se, pois, da abordagem assistemática realizada pela família, principalmente no que diz respeito à transmissão dos valores morais indissociáveis à sexualidade. Se, por um lado, os pais exercem legitimamente seu papel ao transmitirem seus valores particulares aos filhos, por outro lado, o papel da escola é o de ampliar esse conhecimento em direção à diversidade de valores existentes na sociedade, para que o aluno possa, ao discuti-los, opinar sobre o que lhe foi ou é apresentado. Por meio da reflexão poderá, então, encontrar um ponto de auto-referência, o que possibilitará o desenvolvimento de atitudes coerentes com os valores que ele próprio elegeu como seus.

Orientação sexual *versus* sexualidade: em busca de alguns limites

A orientação sexual aqui proposta fundamenta-se numa concepção pluralista da sexualidade, ou seja, no reconhecimento da multiplicidade de comportamentos sexuais e de valores a eles associados.

Independentemente de sua potencialidade reprodutiva, a sexualidade relaciona-se, antes de mais nada, com a busca do prazer — necessidade fundamental dos seres humanos. Fruto da cultura, ela se expressa com singularidade em cada sujeito.

A vivência da sexualidade é estruturante da trajetória pessoal e constitui-se na complexa combinação de muitos elementos de cunho subjetivo e da relação com o outro. Isso ocorre desde o nascimento, a partir da sexuação e da erotização do corpo. Inclui, portanto, fatores de natureza bastante distintas: do aprendizado, da descoberta e da invenção.

À ordem do aprendizado, especificamente, que é aquela mais afeita ao domínio escolar, pertencem temáticas como o conhecimento do corpo humano e seu funcionamento, a reflexão sobre a diversidade de valores existentes na sociedade, o estudo e análise das relações de gênero ao longo da história, informações sobre doenças sexualmente transmissíveis (a AIDS em particular), sobre formas de prevenção etc.

Nos trabalhos relativos à orientação, a distinção dos diferentes níveis da vivência da sexualidade (o aprendizado, a descoberta e a invenção) nos auxilia a delimitar o âmbito de atuação e a concepção da orientação sexual, pois ela deve claramente se restringir à ordem do que pode ser aprendido, não devendo ser invasiva à intimidade de cada um ou tentando normatizar e/ou moralizar comportamentos. São infinitas as possibilidades de descoberta e invenção na sexualidade ao longo da vida, potencialidade esta típica da esfera privada de cada sujeito.

A orientação sexual na escola deve se dar em âmbito coletivo, não tendo portanto caráter de aconselhamento individual ou psicoterapêutico. Deve também promover informações e discussões acerca das diferentes temáticas considerando a sexualidade em suas dimensões biológica, psíquica e sociocultural, articulando-se, portanto, a um projeto educativo que exerça uma ação integradora das experiências vividas pelo aluno e que inclua a sexualidade como algo ligado à vida, à saúde e ao bem-estar de cada criança ou jovem.

Para tanto, se faz necessária a adoção de princípios norteadores do trabalho, condizentes com uma educação voltada para a cidadania numa sociedade democrática, priorizando o reconhecimento do aspecto saudável da busca do prazer, o respeito a si próprio e ao outro, bem como o respeito à diversidade de valores, crenças e comportamentos relativos à sexualidade, desde que seja garantida a dignidade do ser humano. Em suma, o objetivo mais amplo da orientação sexual é o de favorecer o exercício prazeroso e responsável da sexualidade dos jovens.

Outro dado importante é o de que a orientação sexual deve se adequar à faixa etária dos alunos, isto é, às suas necessidades e capacidades cognitivas particulares. De modo geral, da pré-escola até a quarta série do primeiro grau, o trabalho ocorre de forma integrada às disciplinas, e, por vezes, abrindo espaço na programação para abordar um conteúdo específico. A partir da quinta série, já se faz pertinente um espaço específico, pela oferta de hora-aula semanal, incluída na grade horária ou não. O ponto de partida é sempre dado pelas questões trazidas pelos alunos, às vezes clara e diretamente, às vezes de forma encoberta, via brincadeiras e atitudes entre eles.

114

O profissional: a orientação sexual em ato

Vamos, a partir de agora, nos voltar para um ponto central relacionado à orientação sexual: o profissional que a realiza. Será que deve ser um "especialista"? Os trabalhos existentes na área mostram que não há essa necessidade.

Muitas escolas, reconhecendo a importância do tema, convocam psicólogos para uma conversa ou palestra com os alunos. A eficácia de tal intervenção é limitada na medida em que não há continuidade e conhecimento do contexto particular da instituição. Na verdade, são os profissionais da própria escola (professores ou orientadores), na qualidade de adultos significativos para os alunos, que se constituem em interlocutores confiáveis para as questões da sexualidade. Se considerarmos que os profissionais estão implicados subjetivamente no trabalho, entenderemos por que não são todos que se dispõem a iniciar e dar continuidade a um trabalho na área. E isso deve ser respeitado.

O trabalho em orientação sexual deve ser iniciado com o profissional que se sentir disponível para tal, requisito necessário mas não suficiente. Não há necessidade de habilitação desse profissional na área biológica, uma vez que o fundamental é a postura do professor, sua capacidade de reconhecer como legítimas as questões dos alunos, acolhendo-as com respeito. É claro que serão necessários conhecimentos de anatomia do corpo humano, mas nada tão profundo e detalhado que não possa ser assimilado por um professor de outra área por meio de estudo e/ou pesquisa.

O fundamental para a preparação do profissional da educação em orientação sexual é a sua formação em temas afins à sexualidade. O educador interessado deve entrar em contato com as questões teóricas, leituras e discussões sobre as temáticas específicas e suas diversas abordagens, assim como ter acesso a um espaço grupal de supervisão do trabalho realizado. Esse espaço deve ser sistemático para que seja possível acompanhar as dificuldades ao longo do percurso. Cursos apenas teóricos não abarcam as questões que surgem nas aulas com as crianças e jovens. O grupo de supervisão constitui-se num espaço de reflexão de valores e preconceitos dos próprios educadores — o que é imprescindível para que não haja imposição de valores pessoais ou julgamentos moralistas no trabalho com os alunos.

Os eixos básicos da orientação sexual

Em primeiro lugar, é fundamental que o programa de orientação sexual se construa a partir das questões e dúvidas trazidas pelos alunos.

Há, no entanto, três eixos estruturantes do trabalho, divididos apenas para efeito didático, pois são, na verdade, intimamente relacionados entre si e constituem as dimensões que se colocam na abordagem de qualquer conteúdo escolhido. São eles: o corpo humano, as relações de gênero e a prevenção às doenças sexualmente transmissíveis e à AIDS.

A abordagem do tema parte da noção de corpo integrado, conjunto uno de sistemas interligados, que deve ser conhecido em seus aspectos biológico e erótico. Devem também ser abordadas as emoções, sentimentos, imagem corporal, sensações de prazer e desprazer, as transformações desse corpo ao longo da vida, os cuidados necessários para a promoção da saúde e a ação dos métodos contraceptivos. Dessa forma, os aspectos biológicos devem ser circunstanciados num corpo que pulsa e sente.

Quanto às relações de gênero, é fundamental a compreensão do tema para sua inclusão no trabalho de orientação sexual. Esse conceito diz respeito ao conjunto das representações sociais e culturais, construídas a partir da diferença biológica dos sexos. Cabe, então, avaliar criticamente a diferenciação entre os sexos como oriunda da "natureza". Se o sexo diz respeito ao atributo anatômico, no âmbito do gênero tomamos o desenvolvimento das noções de masculino e feminino como construção social. Historicamente têm havido privilégios concedidos aos homens e ainda persistem muitas discriminações relacionadas ao gênero. Trata-se, então, de trabalharmos com base na eqüidade dos gêneros, possibilitando um reposicionamento de cada um em relação aos papéis preestabelecidos para cada um dos sexos. Não se trata de eliminar as diferenças, mas sim de favorecer sua vivência a partir da singularidade de cada sujeito. Essa questão se reflete na sexualidade e nos relacionamentos a dois, devendo, portanto, também ser objeto de reflexão no trabalho de orientação sexual.

Coerentemente com a proposta de desvincular a sexualidade dos tabus e preconceitos, na discussão das doenças sexualmente transmissíveis/ AIDS, o enfoque deve ser o da promoção de condutas preventivas. Esse ponto é imperativo no trabalho, uma vez que numerosas pesquisas sobre o assunto têm apontado a necessidade da prevenção entre os adolescentes, mostrando também que só a informação não basta. Reconhecem-se como mais eficazes na prevenção da AIDS as ações educativas continuadas que oferecem possibilidades de elaboração das informações recebidas e explicitação dos obstáculos emocionais e culturais que impedem a adoção de condutas preventivas. Dados o tempo de permanência dos jovens na escola e as oportunidades de despertar para o relacionamento amoroso, a escola constitui-se em local privilegiado para a abordagem da prevenção de doenças sexualmente transmissíveis. Devem também ser discutidos os preconceitos ligados à AIDS, que atingem os portadores de HIV e os doentes de AIDS.

Como já dissemos, os programas de orientação sexual podem ser bastante diversificados, dependendo da turma de alunos e suas características, assim como do contexto escolar. A proposta é a de que, em qualquer tema escolhido, o coordenador dos trabalhos possa operar nas dimensões dos três eixos acima apresentados.

116

A orientação sexual, ao fomentar maior consciência de si e do outro e reconhecer como lícito o direito ao prazer, propicia às crianças e jovens melhores condições de buscar sua própria felicidade e exercer a cidadania de forma mais qualificada. Enfim, no trabalho com sexualidade na escola, o que está em questão é a vida em uma de suas formas mais plenas.

Bibliografia

BARROSO, C.; BRUSCHINI, C.(1990). *Sexo e juventude*: como discutir sexualidade em casa e na escola. 3ª ed. ampliada. São Paulo: Cortez.

———— (orgs.) (1982). *Educação sexual: debate aberto*. Petrópolis: Vozes.

GUIMARÃES, I. (1995). *Educação sexual na escola: mito e realidade*. Campinas, Mercado de Letras.

GTPOS; ABIA; ECOS. (1994). *Guia de orientação sexual: diretrizes e metodologia*. 5ª ed. São Paulo: Casa do Psicólogo.

MEC (1995). *Parâmetros curriculares nacionais para o ensino fundamental — orientação sexual* (versão preliminar). Brasília. (mimeo.)

SAYÃO, Y.; SILVA, M.C.P. (1992) Prevenção da AIDS em trabalho de orientação sexual na escola. In: PAIVA, V. (org.) *Em tempos de AIDS*. São Paulo: Summus, pp.133-8.

SUPLICY, M. et al. (1995). *Sexo se aprende na escola*. São Paulo, Olho d'água.

Sexo e gênero:
masculino e feminino na qualidade da educação escolar*

Cláudia Vianna**

Na linguagem corriqueira, própria de nossa vida cotidiana, sexo e gênero são muitas vezes utilizados como sinônimos, como palavras que se referem às diferenças constitutivas de homens e mulheres, de machos e fêmeas. Contudo, a construção do gênero, como categoria de análise da realidade, supõe, na sociedade ocidental contemporânea, o seu distanciamento do termo sexo. Este passa, então, a associar-se a interpretações biológicas, enquanto o gênero procura resgatar o caráter histórico e cultural dos diferentes significados masculinos e femininos presentes nessa sociedade.

Cabe, portanto, indagar: discutir e esclarecer as diferenças e semelhanças entre professoras e professores, entre alunos e alunas pode trazer alguma contribuição para a qualidade da educação nas escolas? O que a discussão sobre escola e educação tem a ver com os significados masculinos e femininos presentes em nossa sociedade?

Uma primeira consulta na produção educacional sobre o tema gênero nos levaria a responder negativamente a essa indagação.

O tema da qualidade do ensino e sua definição são necessariamente revestidos de um caráter histórico-social. Podemos dizer que vem se desenvolvendo, há décadas, um processo de construção de muitos projetos educacionais, diferentes entre si. Mas a grande maioria deles não inclui o recorte de gênero em suas análises.

Comumente, a idéia de qualidade da educação vem associada aos modelos, às concepções, às metodologias de ensino e também às funções atribuídas à escola. Nossa história recente registra diferentes concepções pedagógicas, métodos e propostas de ensino que delineiam visões diversas sobre o que possa ser qualidade do ensino em nossa sociedade.

---

* Agradeço a Sandra Ridenti por suas valiosas sugestões.

** Mestre em História e Filosofia da Educação pela PUC-SP e doutoranda pela Faculdade de Educação da USP, na qual também é professora. É co-autora de *Novos olhares: mulheres e relações de gênero no Brasil.* (Marco Zero/Fundação Carlos Chagas, 1994) e de vários artigos sobre a questão do gênero e a educação publicados em revistas especializadas.

Esse projeto de qualidade pode também incluir a democratização do acesso ao ensino público e a garantia da permanência do aluno na escola: os poderes públicos e suas diferentes instâncias de decisão e execução das políticas educacionais, bem como os diversos atores da chamada sociedade civil envolvidos com as questões da educação. Nesse sentido, qualidade é um valor e, como tal, é objeto de disputa tanto na sociedade política quanto na sociedade civil.

As leis, as políticas educacionais relativas às condições de trabalho, salários, carreiras e formação de professores são aspectos fundamentais para a construção de um projeto de melhoria dessa qualidade. Entretanto, falar em qualidade da educação significa atribuir um sentido para a escola. Para que ela serve? E elementos como as diferentes propostas, métodos e concepções pedagógicas e a defesa da democratização do ensino público são importantes, mas não suficientes, para a definição do que pretendo defender como qualidade.

A escola tende a ocupar um espaço cada vez menor no âmbito da socialização dos jovens, sendo, muitas vezes, incapaz de propiciar arranjos que assegurem a estruturação de relações sociais que incorporem variáveis como geração, raça e gênero, as quais interferem na elaboração de uma nova concepção de qualidade do ensino.

Existem dimensões nas relações escolares que remetem à exclusão. A exclusão pode se referir à distinção, restrição e preferência baseadas na raça, cor, ascendência e origem nacional ou étnica. Pode ser geracional. Por exemplo, presenciamos a seletividade no emprego por conta da idade, ou então os desencontros de expectativas entre jovens e adultos, entre família e escola. Os sujeitos se movem entre ciclos de vida, mudando, portanto, referências e significados que interferem nas relações com a escola. As referências à escola, quando existem, mesmo positivas, decorrem muitas vezes do trabalho pessoal e das características individualizadas de personalidade de alguns professores (Sposito, 1994). Portanto, ignorar as diferenças quanto ao sexo de professores e professoras, de alunas e alunos é também ser excludente.

Por que a educação faz com que o recurso aos valores de todo um conjunto de relações sociais significativas seja muitas vezes um breve momento na atividade educativa? Questões relativas à etnia, à geração e ao gênero quase não são contempladas na política educacional e na ação desenvolvida no interior das escolas.

Volto a afirmar que isso não significa abandonar, na discussão sobre a qualidade de ensino, a elaboração de métodos e concepções de ensino ou o debate sobre a função da educação e a importância de sua democratização e do atendimento, no âmbito das políticas públicas educacionais.

É preciso definir um projeto de qualidade que some às reivindicações específicas (quanto à política educacional que fomente melhores salários, condições de trabalho, elaboração de métodos pedagógicos etc.) o reconhecimento da importância da etnia, da geração e do gênero nas relações escolares e na construção do conhecimento.

Assim, discutirei aqui um dos elementos que delineiam essa concepção de qualidade da educação: a questão do gênero.

Gênero: um referencial ausente na produção educacional

As questões inicialmente formuladas nos remetem à discussão da qualidade da educação a partir do que nos é menos visível, mas nem por isso menos importante: as relações de gênero que perpassam as interações definidas no interior da escola e que também possibilitam ou limitam os demais fatores nela presentes.

Cabe primeiramente esclarecer que uma grande parte dos estudos na área da educação brasileira não inclui o recorte de gênero. Ao resenhar pesquisas sobre educação formal, alguns autores constataram que as áreas de pesquisa sobre os estudos de gênero e sobre educação vêm se desenvolvendo separadamente, sem levar em conta os avanços teóricos de parte a parte.

No caso da pesquisa educacional, a presença majoritária das mulheres na composição do magistério subordina-se à utilização do masculino genérico como referência às professoras: utilizamos o termo "professores" para qualificar uma imensa maioria de mulheres.

Bruschini e Amado (1988, p.8), a partir da análise de 21 teses e dissertações sobre o magistério, apontam com clareza esse problema: "Uma primeira impressão desconfortável advém do uso freqüente, nessa produção, do masculino genérico para se referir a indivíduos em situações nas quais o/a autor(a) está claramente se referindo às mulheres".

Rosemberg e Amado (1992, p.69) confirmam esse padrão ao analisarem artigos publicados nos *Cadernos de pesquisa* sobre os profissionais da educação: "Em um grande número de textos, o professor é simples e sistematicamente mencionado no masculino genérico. Mas, sobretudo nos estudos de caso e do cotidiano escolar, a ambigüidade, a hesitação em escolher o feminino ou o masculino para referir-se às professoras atravessa toda a coleção".

Historicamente, no entanto, a presença das mulheres no ensino público tem sido majoritária. Pesquisa sobre o perfil do professorado de escolas estaduais paulistas nos anos 90, coordenada por Novaes junto ao CEBRAP, destaca que as mulheres representam 80% da categoria docente no 1º e 2º graus (apud Nogueira e Scavone, 1995).

Essa presença majoritariamente feminina vale para todo o Brasil e é também ressaltada como um fenômeno internacional. Flores (1992) explica que, no México, o magistério de nível básico é composto predominantemente por mulheres, cerca de 74% de professoras primárias na capital do país. A autora faz ainda referência a outros países: na França, em 1974, as professoras representavam 73%; e em Israel essa porcentagem passou de 54% em 1961 para 83% em 1968.

A utilização indistinta de termos aparentemente neutros, masculinos ou femininos, sem nenhum critério definido, é, na verdade, uma conseqüência de não se considerar a importância do sexo das educadoras e dos educadores não apenas do ponto de vista quantitativo, mas principalmente quanto ao fato de que os valores masculinos e femininos presentes nas escolas fazem diferença na caracterização e compreensão da qualidade da educação.

Portanto, as diferentes maneiras de conceber a qualidade da educação estão também marcadas, entre outros determinantes, pela identidade de gênero, por formas masculinas e femininas de pensar o magistério, a atuação docente, o desempenho discente e as relações estabelecidas na escola. Não que eu considere ser esse o único fator determinante; estou explorando gênero, da mesma forma que poderíamos explorar o conceito raça ou idade, para elucidar um dos aspectos que deve ser considerado ao elaborarmos um projeto mais abrangente de qualidade da educação.

Cabe então perguntar: como a qualidade da educação pode ser interpretada com esse referencial de gênero?

Sexo e gênero: da natureza à cultura

Existem características que podem ser definidas como especificamente masculinas ou femininas nas relações sociais e, portanto, nas relações escolares? Se a resposta for sim, cabe indagar se essas características são inatas, próprias apenas à natureza biológica de homens e mulheres, ou se são socialmente construídas. E essas são, a meu ver, as principais questões que a discussão sobre a relação entre sexo e gênero deve priorizar.

Comumente, as diversidades entre homens e mulheres remetem à noção de sexo. Em nossa sociedade, encontramos, nas mais variadas áreas do conhecimento, explicações sobre diferenças entre homens e mulheres baseadas nas distinções de sexo, e fundamentadas, por sua vez, em características físicas e naturais.

Faz-se freqüentemente uma polarização entre homens e mulheres com base em suas condições biológicas. As mulheres muitas vezes simbolizam o corpo, a reprodução da espécie, ou seja, a natureza; e os homens representam o social.

As decorrências desses pressupostos são muitas. Entre elas temos que as mulheres passam a ser geralmente associadas a atividades como alimentação, maternidade, cuidado e educação, enquanto os homens são costumeiramente vistos como provedores e relacionados ao uso do poder.

Criam-se, assim, vários estereótipos sobre homens e mulheres e, como decorrência, sobre as atividades masculinas e femininas: agressivos, mili-

122

taristas e racionais para os primeiros; dóceis, relacionais e afetivas para as segundas (Flax, 1992).

Contudo, ao longo da história das sociedades ocidentais, especialmente as européias, nem sempre foi assim. Nicholson (1994) destaca que até o século XVII, momento em que a vida social de homens e mulheres não era enfaticamente separada entre a esfera pública (para eles) e a esfera privada (para elas), os corpos masculinos e femininos eram descritos a partir de um corte vertical no qual as mulheres eram consideradas culturalmente inferiores porque menos desenvolvidas — e portanto incompletas do ponto de vista biológico — do que os homens.

Assim, apesar de muitas vezes a polaridade que hoje caracteriza homens e mulheres ser considerada universal e a-histórica, vemos que esse modo de compreensão se amplia somente após o processo de industrialização e urbanização, com a conseqüente separação entre a vida doméstica e a vida pública: "O corpo, agora bipolar e oposto — um sexo e o outro sexo —, testemunha a natureza do indivíduo que o abriga." (Vianna; Lima; 1996, p.10).

Essas mudanças são reforçadas pelas explicações oriundas da medicina e das ciências biológicas. É o determinismo biológico que passa a justificar a caracterização de mulheres e homens como seres qualitativamente distintos.

São muitos e qualitativamente variados os usos do termo gênero. Procurando superar o determinismo biológico como fator explicativo, há aqueles que o utilizam para resgatar a produção cultural e histórica das diferenças sexuais, mas que mantêm o sexo, isto é, as distinções biológicas como referência explicativa. Outros não vêem nenhuma contribuição da biologia para explicar as diferenças e semelhanças entre homens e mulheres, fenômeno este considerado eminentemente cultural.

Com maior ou menor ênfase em suas interpretações, todos esses usos do gênero têm em comum a afirmação da construção social das distinções sexuais. Procuram elaborar explicações que resgatam o caráter social, histórica e culturalmente produzido, de conceitos como biologia e natureza, das hierarquias baseadas sobre o corpo. Defendem que as relações de gênero se transformam ao longo da história e nas diferentes culturas e sociedades.

Gênero aqui está sendo usado com essa mesma preocupação, ou seja, como um "elemento constitutivo de relações sociais fundadas sobre as diferenças percebidas entre os sexos [e como] um primeiro modo de dar significado às relações de poder". (Scott, 1990, p.14)

Nesse sentido, gênero é relacional, constitui qualquer aspecto da experiência humana e interage com as demais atividades e relações sociais. Podemos então afirmar que a nossa socialização como homens e mulheres interfere na forma como nós nos relacionamos, nas profissões que escolhemos, e na maneira como atuamos. Assim, a omissão do fator gênero pode trazer vieses para a compreensão de toda e qualquer proposta de qualidade do ensino.

Masculino e feminino na educação

É comum trabalharmos com uma imagem unívoca e assexuada das categorias docente e discente. Todavia, a vida na e da escola remete à relação concreta entre seus protagonistas, entre aqueles e aquelas que transmitem e trocam conhecimentos. E, nesse contexto, precisamos conhecer como os significados masculinos e femininos presentes em nossa sociedade interferem ou não nas concepções de professoras e professores acerca do magistério e na relação que devem manter com alunos e alunas. Assim, a elaboração de um projeto de qualidade que se pretenda abrangente deve incluir em suas preocupações os problemas relativos à valorização das relações de gênero.

Como professoras e professores incorporam e/ou recusam, em sua atuação, valores advindos de sua socialização como homens e mulheres? Como assumem e/ou redefinem, na transmissão de conhecimentos e nas inúmeras relações estabelecidas no interior da escola, as distinções polares que definem hierarquias entre homens e mulheres em nossa sociedade?

Quanto à primeira questão, uma breve análise ressalta o fato de que existem concepções diferenciadas e conflitantes sobre o significado do magistério nas representações de professoras e professores. Essas concepções, ao incorporarem as diferenças presentes nas trajetórias, necessidades e representações femininas e masculinas, podem interferir nas visões sobre qualidade da educação.

O magistério público primário tem maioria feminina já no final do século passado. No Projeto de Lei de 1830, com a criação das Escolas Normais em São Paulo, era notória a preferência dada às mulheres, e seu acesso efetivo à Escola Normal deu-se em 1875 e em 1880 com a criação de uma seção feminina. (Louro, 1989)

Atualmente, assistimos à consolidação do magistério em geral como profissão feminina. Essa acentuada presença das mulheres contribui também para fornecer ao magistério atributos considerados femininos: "As características de maternalidade com que as professoras são descritas (...) não deixam dúvidas quanto à extensão para a escola de seu papel no lar. A responsabilidade pelo futuro das novas gerações é um apelo utilizado com freqüência e de forma paritária para mães e professoras, cuja missão seria a de moldar através do carinho e da persuasão os cérebros infantis." (Reis, 1994, p.122)

Assim como as diferenças polares entre homens e mulheres, esse modelo de feminilidade, fortemente enraizado na relação mulher-mãe, tem origem nas transformações ocorridas no século XVIII. Porém, mesmo sendo resultante de uma construção cultural de significados baseados na capacidade biológica de reprodução da mulher, apresenta-se como natural, instintivo e inevitável (Carvalho; Vianna, 1994).

Portanto, muitas vezes, o cuidado e a educação das crianças e jovens são atribuídos mais especificamente às mulheres: às mães em casa e às professoras na escola. Apontar quais são os papéis que a nossa socialização veicula e compreendê-los é fundamental para entendermos como e por que ocorre essa divisão de tarefas.

A maternalidade e os valores advindos do universo doméstico embasam padrões básicos de comportamento que reforçam a docência como uma ocupação feminina. Além disso, o afeto e outras características da identidade feminina podem ser em alguns momentos identificadas com valores como a abnegação e o sacrifício.

Com o acirramento e consolidação do processo de desenvolvimento econômico, começa, então, a se articular uma outra visão sobre o magistério. A concentração de capital, o empobrecimento, o desenvolvimento da urbanização e da industrialização, o fechamento político, e o controle dos organismos da sociedade civil passam a influenciar as políticas educacionais. Professoras e professores expõem publicamente a precária condição de trabalho e os baixos salários a que são submetidos.

No Brasil, na passagem da década de 70 para a de 80, exatamente durante o processo de transição para a democracia, as reivindicações por melhores salários e condições de trabalho vão ganhando maior espaço na mídia e nos discursos da categoria. Assistimos à mobilização do professorado em nível nacional. Sob influência do novo sindicalismo, outros valores são assimilados, divulgados e reivindicados por professoras e professores que passam a defender um projeto de qualidade que incorpore a democratização do ensino e da gestão da escola, a melhoria das condições de trabalho e da remuneração do professorado.

Nessa trajetória, de maneira geral, a visão de professores e professoras sobre o magistério distingue-se com maior evidência dos estereótipos que procuravam caracterizar a docência como uma atividade mais propriamente feminina, divulgada e valorizada no início do século: "A 'professorinha normalista' foi substituída pelo termo amplo de 'educadora', depois (nos anos 70) pelos 'profissionais do ensino', e mais recentemente (anos 80) pelos 'trabalhadores da educação'." (Louro, 1989, p.37)

Como resultado, assistimos à defesa de valores que se contrapõem àqueles defendidos socialmente como relacionados às características femininas. Lelis (1994, pp.109-110) mostra que entre as imagens que as professoras fazem de si mesmas prevalece "a ausência de alguns atributos adequados à profissão como a docilidade, a paciência, a dedicação, emblemáticos no passado em termos de identidade da professora (...). Em nenhuma das narrativas, as idéias de missão, apostolado e vocação foram assinaladas revelando transformações político-culturais no modo como é representado o trabalho do magistério".

Em meio à sensação de desalento, desesperança e pouco discernimento quanto ao futuro da educação e da docência há, portanto, uma contundente complexificação das concepções assumidas pela categoria em uma gama variada de posições divergentes e contraditórias. Valores e concepções relacionados à socialização feminina e à militância permeiam as representações de professoras e professores e embasam significados diversos sobre a qualidade da educação. Apesar disso, ainda não foram assimilados nem pelas professoras e professores em seu conjunto e nem pela maioria das pesquisas sobre o tema.

Quando incorporados à análise educacional, os valores que dizem respeito à socialização das mulheres são vistos exclusivamente como negativos e prejudiciais. Por exemplo, ser crítica, atuante e ciente de seus direitos passa, muitas vezes, a coincidir com a ênfase em uma visão negativa da relação entre ser mulher e ser professora. À figura nobre, romântica, dócil, meiga, gentil e dedicada contrapõe-se à da professora militante, crítica, politizada e competente. Como se, para ser crítica, a professora precisasse deixar de ser dócil. Como se docilidade e afeto necessariamente significassem submissão.

Esse é o caso de alguns trabalhos, desenvolvidos nos anos 80, por educadoras que procuraram compreender a imbricação entre gênero e magistério, e que criticaram as professores de primeira à quarta série do primeiro grau com base nos valores femininos que se ligam à sua imagem.[1]

Essa visão exclui a relação entre a identidade feminina e a ação das professoras, na sala de aula, na escola, na defesa de determinadas propostas educacionais, a partir das contradições que as relações sociais de gênero expressam. Não se trata de excluir a referência ao uso político dessa relação para advogar a subordinação das professoras, por exemplo, como muitas vezes faz o Estado que se utiliza do discurso do afeto para desencorajar as professoras do engajamento sindical e dos movimentos grevistas.

Todavia, a redução da professora a essa condição supõe um modelo profissional que absolutiza a dimensão alienante e submissa, além de reafirmar a polarização entre significados masculinos e femininos produzidos socialmente e presentes no universo escolar. Descarta até mesmo formas femininas de relacionamento e de organização do trabalho: o improviso, a troca constante de funções, a atenção dispersa por várias tarefas (Rosemberg e Amado, 1992). Pode também desprezar as qualidades e contribuições que essa imagem feminina contém: a valorização da professora como aquela que conhece bem seu aluno, que lhe é próxima, sem, no entanto, ser passível da mais pérfida exploração, a-crítica ou incapaz de reivindicar seus direitos.

---

1. Para uma discussão mais detalhada a esse respeito, verificar Carvalho e Vianna (1994).

126

Assim, a socialização recebida pelas mulheres e que interfere — para o "bem" e para o "mal" — no exercício profissional do magistério deve ser considerada quando pensamos em uma proposta abrangente de qualidade da educação. A escola é marcada por relações sociais de gênero, particularmente no que se refere à imbricação entre trabalho doméstico, maternagem e trabalho das educadoras. (Carvalho e Vianna, 1994) E esse aspecto não é exclusivamente prejudicial; contém, ao contrário, as contradições que a própria condição social da mulher expressa.

Além disso, as relações de gênero também auxiliam na compreensão dos valores que explicam as atividades dos homens, no caso professores: "O fato de que homens pareçam ser e (em muitos casos) sejam os guardiães, ou pelo menos os tutores, dentro de uma totalidade social, não nos deve cegar em relação à extensão em que eles, igualmente, são governados pelas regras do gênero." (Flax, 1992, p.229)

Cabe, então, perguntar sobre a atuação de homens em espaços e atividades consideradas femininas. Como aparecem na escola e nas relações escolares os significados femininos e masculinos dominantes em nossa sociedade? Como esses significados interagem com outras concepções de maternidade, paternidade, infância, etc.? A consideração dessas diferentes noções podem, sem dúvida, auxiliar na defesa da qualidade da educação.

Esse tipo de análise pode corroborar não só a discussão sobre o peso dos valores de gênero na identidade e atuação docentes, mas também a segunda questão por mim anteriormente colocada, isto é, sobre a interferência dos valores de gênero nas relações escolares, em especial entre professores/as e alunos/as.

Com base em relatos de professores e professoras sobre seus alunos e alunas, em 26 escolas inglesas, Walkerdine (1995) ressalta a interferência de teorias do desenvolvimento na forma pela qual o conhecimento sobre a infância pode reproduzir discriminações de gênero. Para a autora, não só a ciência reproduz estereótipos sobre as dificuldades de garotas quanto ao raciocínio matemático e científico, mas também a escola e seus professores e professoras reiteram e justificam esse tipo de argumento. As citações de docentes sobre crianças de dez anos, referidas pela autora, evidenciam uma prática escolar muito semelhante à de nossas escolas: "Sobre uma garota que estava no nível superior da classe: 'Uma trabalhadora muito, muito esforçada. Uma garota não particularmente brilhante... Seu trabalho duro faz com que ela alcance o padrão'. Sobre um garoto: 'Ele mal pode escrever o seu nome... Não porque ele não é inteligente, não porque ele não é capaz, mas porque não pode sentar-se quieto, e não consegue se concentrar... Muito perturbador... mas muito brilhante.'" (1995, pp.214-5)

Nós, professores, devemos nos perguntar: como temos tratado nossos alunos e alunas? Isso porque esses processos macrohistóricos de produção dos diferentes significados masculinos e femininos que embasam nossas relações sociais reificam-se nas relações estabelecidas no interior da escola e da sala de aula.

Em suma, as escolas e seus professores e professoras reproduzem muitas vezes imagens negativas e estereótipos em relação às suas alunas quando relacionam seu rendimento ao esforço e ao bom comportamento, quando as tratam apenas como esforçadas e quase nunca como potencialmente brilhantes, capazes de ousadia e criatividade.

Estou propondo, portanto, que a análise da qualidade da educação com base nas relações de gênero nos ajude a estabelecer um distanciamento crítico que permita enxergar para além das visões dominantes sobre as relações entre homens e mulheres e os significados masculinos e femininos presentes em nossa sociedade.

Bibliografia

BRUSCHINI, M.C.A.; AMADO, T. (1988) Estudos sobre mulher e educação: algumas questões sobre o magistério. *Cadernos de Pesquisa*. São Paulo: Cortez/Fundação Carlos Chagas, n.64, pp.4-13.

CARVALHO, M. (1994) Mestra sim, tia também: professoras de 1º grau na periferia de São Paulo. *Revista do Programa de Estudos Pós-Graduados em História e do Departamento de História da PUC-SP*.São Paulo, pp.91-100.

CARVALHO, M.; VIANNA, C. (1994). Educadoras e mães de alunos: um (des)encontro. In: BRUSCHINI, C.; SORJ, B. (orgs.) *Novos olhares: mulheres e relações de gênero no Brasil*. São Paulo: Marco Zero/Fundação Carlos Chagas, pp.133-158.

FLAX, J. (1992) Pós-modernismo e as relações de gênero na teoria feminista. In: BUARQUE DE HOLLANDA, H. (org.). *Pós-modernismo e política*. Rio de Janeiro, Rocco, pp.217-250.

FLORES, E.S.(1992) Condición femenina, valoración social e autovaloración del trabajo docente. *Nueva Antropologia*. México, v. XII, n.42, pp.57-72.

LELIS, I. (1994) A construção social do magistério: imagens em movimento. *Revista do Programa de Estudos Pós-Graduados em História e do Departamento de História da PUC-SP*.São Paulo, pp.101-114.

LOURO, G.L. (1989). Magistério de 1º grau: um trabalho de mulher. *Educação e Realidade*. Porto Alegre, v.14, n.2, pp.31-39.

NICHOLSON, L. (1994) Interpreting gender. *Signs*. University of Chicago, v. 20, n.1, pp.79-105.

NOGUEIRA, K.; SCAVONE, M. (1995) Formação ruim, idealismo e salário baixo. *Veja*. Ano 28, n.6, pp.10-14.

REIS, M.C.D. (1994) Guardiãs do futuro: imagens do magistério de 1895 a 1920 em São Paulo. In: BURSCHINI, C.; SORJ, B. (orgs.) *Novos olhares*:

mulheres e relações de gênero no Brasil. São Paulo: Marco Zero/ Fundação Carlos Chagas, pp.111-132.

ROSEMBERG, F.; AMADO, T. (1992) Mulheres na escola. *Cadernos de pesquisa.* São Paulo: Cortez/Fundação Carlos Chagas, n.80, pp.62-74.

ROSEMBERG, F. (1992) Educação formal e mulher: um balanço parcial. In: COSTA, A.O.; BRUSCHINI, C. (orgs.) *Uma questão de gênero.* Rio de Janeiro/São Paulo: Rosa dos Tempos/Fundação Carlos Chagas, pp.151-182.

SCOTT, J. W. (1990). Gênero: uma categoria útil de análise histórica. *Educação e Realidade.* Porto Alegre, v.16, n.2, pp.5-22.

SPOSITO, M.P.(1994). A sociabilidade juvenil e a rua: novos conflitos e ação coletiva na cidade. *Tempo social.* São Paulo, v.5, n.1-2, pp.161-178.

VIANNA, C.; LIMA, M.M.; RIDENTI, S.; PEGORARO, T. (1996) *O uso analítico do gênero: balanço crítico de estudos contemporâneos.* São Paulo, mimeo.

WALKERDINE, V. (1995) O raciocínio em tempos pós-modernos. *Educação e realidade.* Porto Alegre, v.20, n.2, pp.207-226.

O educador bilíngüe:
nas fronteiras da sexualidade e da violência

Maria Cristina Gonçalves Vicentin*

CENA 1

G., de 9 anos, é encaminhada a um serviço público de psicologia e psiquiatria pela escola, da qual estava prestes "a ser expulsa". Diz G, quando sua mãe entrega a carta da escola à psicóloga: "sou um pouco rebelde, não sei por quê...". A mãe acha que, na escola, todos têm bronca de G. mas, ao mesmo tempo, diz que G. é "respondona" e que agride a professora.

G. passara, há pouco tempo, por um psicodiagnóstico, por solicitação da escola, em que fora dada como "psicopata". (num psicólogo particular) "Comportamento agressivo com os colegas, esconde o material e rasga as atividades dos colegas, fala palavrões, desafia a todos sem limites", diz a professora, observando ainda que "a garota é inteligente e não se acanha em perguntar quando não sabe".

Mais tarde, em reunião na própria escola, em que se solicita a participação da psicóloga do serviço (reunião que os participantes chamarão de "junta" ou "comitê" dado o grande número de participantes — indício também da dificuldade da situação: diretora, as duas coordenadoras e "todos" os professores que já conheceram a aluna), dirá uma professora que a criança fala de temas sexuais "com muito conhecimento de causa".

A escola chegou a pensar que a criança estivesse sofrendo algum tipo de abuso sexual (mais de uma vez se observaram hematomas nos braços e pernas da criança), motivo pelo qual solicitaram também a ajuda do psicólogo.

Já no serviço de psicologia, na primeira entrevista com a família, o pai anunciará: "essa menina nasceu na rua!". A esposa, na iminência do parto, buscara chegar até a casa de sua mãe. Desobediência da esposa, motivo para que o pai não registrasse a criança. Mandato familiar de ser menina de rua,

---

* Psicóloga e mestre em Psicologia Social pela PUC-SP, onde é professora de graduação em Psicologia. É membro da *Oficina de Idéias* (grupo de consultoria em práticas públicas para a infância e a adolescência) e do *Mobiliza* (grupo de trabalho de clínica ampliada da infância e da adolescência). É também co-autora de *Dez medidas básicas para a infância brasileira* (Unicef; Fundação Abrinq, 1994) e *Com um prefeito criança a história infantil pode ganhar um final feliz* (Fundação Abrinq, 1996).

131

quase por se realizar: já furtara coisas na escola, ficava a maior parte do dia na rua, e, ainda por cima, "brincando com os meninos!", diz indignada a mãe. Filha da "desobediência" da esposa ao marido, ela insistirá sobre seu nascimento: na rua ou em casa? Insistirá não parando de fazer perguntas. Quando pergunta pelos "namorados" que a mãe teve, interrompe-se o tratamento: nem pais, nem escola parecem suportar tantas perguntas de G., tantas observações "sobre a sexualidade". "Como ela quer ser dona dela mesma?", indaga a mãe, para uma filha que só sabe desobedecer e ser curiosa.

CENA 2

Uma inspetora de uma escola pública é avisada por um aluno que há dois meninos no banheiro, fazendo "coisas". Ela irrompe abruptamente no banheiro masculino e "flagra" os garotos "em posição suspeita". Manda-os para a diretoria e, em seguida, interroga-se: "vou dizer que eles estavam fazendo o quê?" Lembra-se do dia em que seu filho, de 7 anos, fora criticado pela vizinha por estar "mexendo" com o filho desta, e percebe que agiu de modo parecido com os alunos.

Não são poucas as cenas e situações do cotidiano escolar, ou dele derivadas, que permitem perceber a emergência da sexualidade e da violência, ou do enlace entre ambas.

Seriam muitos os caminhos que poderíamos trilhar para pensar a relação entre sexualidade e violência: caminhos históricos, caminhos do inconsciente (para a psicanálise, a violência não é estranha à sexualidade), caminhos antropológicos. São muitas também as possibilidades de conjugar essa relação: violência sexual, guerra dos sexos, o que há de violento na sexualidade, o que há de gozo na violência, e assim por diante.

Neste texto, interessa-nos indagar pela pertinência ou emergência desse tema no *cotidiano* escolar, quando violência e sexualidade constituem-se como sua matéria-prima, quando não lhe são exterioridades ou excepcionalidades. Ou, ainda, utilizando-nos de uma dimensão institucionalista de análise, quando *atravessam* ou *transversalizam* a escola.[1]

Atravessamentos certamente familiares aos educadores se considerada a presença contínua e insistente da violência no cotidiano escolar: as agressões, os castigos corporais, todas as formas de exclusão (as expulsões, o fracasso escolar, as evasões de alunos pelas diferenças econômicas, culturais), a sedução pedagógica, o olhar moralista e repressivo dos

---

1. Para a análise institucional, o conceito de instituição difere do de organização ou estabelecimento. Instituições são lógicas abstratas que regulam as atividades humanas. Têm duas vertentes: o instituído e o instituinte. Às forças que tendem a transformar as instituições, denomina-se o instituinte; ao efeito da atividade instituinte, o instituído. A sociedade é uma malha de instituições que se interpenetram e entrelaçam. A interpenetração (dos instituintes e instituídos) no plano do conservador, do reprodutivo, chama-se atravessamento. No plano do revolucionário, do criativo, chama-se transversalidade.

educadores em torno das manifestações prazerosas, lúdicas e sexuais das crianças, as pequenas delinqüências (pichações, depredações, furtos).

Expressões da violência[2] que vão desde sua face *aberta*, repressiva (expulsão, agressão física) até sua face *doce*, branda (a persuasão, a obediência, a criança cativa do aparelho disciplinar da escola). Ou ambas, pois, historicamente, não se trata da substituição de uma forma de controle — repressivo — por outra — branda —, mas do apoio de uma na outra e de suas possíveis relações.

Como diz Mannoni (1986, pp.32 e 34), "a criança encontra-se presa entre a sedução e o castigo como método educativo tanto em sua família como na escola. (...) Não existem diferenças fundamentais entre a educação autoritária e a 'progressista' uma vez que as duas estão baseadas numa coação que num caso toma a forma de violência física e no outro uma forma mais sutil de violência psíquica oculta: trata-se de persuadir a criança de que consinta. Provoca-se assim uma situação em que a criança, sem possibilidades reais de escolha, capturada num sistema de alternativas (obediência ou morte, obediência ou falta de amor), suporte um estado de fato, acreditando que tem a iniciativa".

Um percurso histórico permite mostrar que grande parte da empreitada pedagógica valeu-se da sexualidade e da violência nessa dimensão branda, de normatização. Dimensão *biopolítica* ou *microfísica do poder* (Foucault, 1988): essa proliferação das tecnologias políticas que irão investir sobre o corpo, a saúde, as condições de vida, a regulação do comportamento, a normalização do prazer, enfim, sobre o espaço completo da existência do indivíduo, a partir do século XVIII, na sociedade ocidental.

Diversos estudiosos (Costa, 1983; Fernandes, 1994; Donzelot, 1986; Foucault, 1977; Enguita, 1989) analisaram essa função disciplinar da escola: *a domesticação e a docilização dos corpos,* a educação *higiênica, a moralização infantil* disciplinando a sexualidade, a escola como *laboratório de observação das tendências anti-sociais*, a necessidade de *domar a vagabundagem da criança.*

---

2. A distinção entre violência aberta e doce diz respeito a uma diferença na modalidade de exercício do poder. Se essencialmente coercitivo, repressivo, buscando a extinção do indesejável estamos no campo da violência aberta. Se se utiliza de estratégias disciplinares, normativas, buscando a sujeição, pela instalação de novas características corporais, sentimentais, sociais, estamos no campo da violência doce, branda — onde se inserem as ações técnicas, dentre elas as dos trabalhadores do social: a psicologia, a sociologia, a medicina, a pedagogia, o serviço social etc.

"A violência e a exclusão se encontram na base de todas as relações suscetíveis de instaurar-se em nossa sociedade, evidenciada na clara separação entre os que detêm o poder e os que estão sob seu domínio: senhor-servo; mestre-aluno; dirigente-dirigido. (...) A sociedade chamada de bem-estar descobriu que não pode mostrar abertamente sua face violenta sem ocasionar o nascimento de contradições demasiado evidentes, que terminariam por voltar-se contra elas. Por isso encontrou um novo sistema: estender a concessão de poder aos técnicos que a exercerão em seu nome e seguirão criando, através de outras formas de violência: a violência técnica — novos excluídos." (Basaglia, 1972, p.132).

Nesse texto, privilegiaremos um caminho menos analítico ou histórico, e mais propositivo: enunciaremos algumas regras que possam ser usadas como ferramentas de trabalho pelo educador.

Como propõem, em muitos de seus escritos e falas, Foucault, Guattari e Deleuze, uma boa teoria é como uma *caixa de ferramentas*: "é preciso que sirva, é que preciso que funcione" (Foucault, 1988, p.70). Ou ainda, "um conceito só vale pela vida que lhe é dada". (Guattari, 1992, p.201)

Como ferramentas de trabalho, essas proposições não estão para guiar o educador, mas para que ele possa desviá-las, catalisá-las ao seu campo concreto de prática, para que ele as faça funcionar transversalmente, na contramão da violência, na contramão do controle.

Se consideramos que as instituições da sexualidade e da violência são modalidades de controle dos corpos e afetos, torna-se importante que possamos escapar de dar a esses temas um tratamento estritamente científico ou técnico, principalmente porque a vocação científica ou técnica inscreve-se com freqüência no campo do controle e da normatização.

Optamos por construir proposições que posicionem o educador num campo ético e tratamos de evitar as respostas moralistas — que nos tranqüilizam, pois aniquilam nossas dúvidas, mas impedem simultaneamente qualquer exercício do pensamento.

O pensamento é o contrário da obediência. Já a ética é um conjunto de regras facultativas que avaliam o que fazemos, o que dizemos, de acordo com o modo de existência que isso implica. A dimensão ética é da ordem da responsabilidade, da implicação com a vida. (Deleuze, 1992)

Antes das proposições para o educador, vamos a dois conceitos-ferramenta: a *confusão de línguas* e o *educador bilíngüe*.

Da confusão de línguas entre adultos e crianças

Ao final de sua vida, Sandor Ferenczi, psicanalista, estava preocupado com a violência inconsciente que os adultos exercem sobre a criança. Num artigo de 1933, a respeito do abuso sexual, aborda o tema da "confusão de línguas" entre os adultos e as crianças.

Refletindo sobre as reações das crianças que sofrem abuso sexual de adultos (obediência mecânica, silêncio, incapacidade de recusa ou resistência, confusão), hipotetiza o autor: "as crianças se sentem física e moralmente sem defesa, sua personalidade ainda muito fraca para poder protestar, mesmo em pensamento, contra a força e a autoridade esmagadora dos adultos, deixam-nas mudas, e podem até fazê-las perder consciência. *Mas este medo, quando atinge seu ponto culminante, obriga-as automaticamente a se submeter à vontade do agressor, a adivinhar o menor dos seus desejos, a obedecer esquecendo-se completamente de si, e a se identificar totalmente com o agressor*. Por identificação ao agressor, digamos por introjeção do agressor, ele desaparece enquanto realidade exterior, e torna-se intrapsíquico. (...) Mas a mudança significativa, provocada no espírito da criança pela identificação ansiosa com o parceiro adulto, é a introjeção do sentimento de culpa do adulto: a brincadeira até então anódina aparece agora como um ato que merece punição. Se a criança se restabelece de uma tal agressão, sofre uma enorme confusão. (...) Ela ao mesmo tempo é inocente e culpada, e sua confiança no testemunho de seus próprios sentidos está quebrada." (Ferenczi, 1988, p.352, grifos do autor)

Essa situação de *introjeção* daquele que a agride se explica, entre outros aspectos, pela diferença de línguas entre o adulto e a criança: as brincadeiras e os prazeres infantis, nos jogos com os adultos, as satisfações infantis, mesmo quando tomam a forma erótica, permanecem no campo da ternura. As crianças não podem se abster da ternura do adulto, mesmo que brinquem de tomar seu lugar.

Se nessas circunstâncias, nessa fase de ternura, o adulto impõe à criança mais amor ou um amor diferente (passional), esta, indefesa diante desse amor descontrolado do adulto, de quem espera, ao contrário, proteção, terá uma única saída: deverá se identificar inteiramente com o adulto. Esse "enxerto prematuro de formas de amor passional e recheado de sentimentos de culpa, em um ser ainda imaturo e inocente" (ibid, p.353) tem efeitos desastrosos. Resulta na *confusão de línguas*.

O mesmo se pode dizer quando o adulto aplica medidas punitivas insuportáveis a uma criança: "os delitos que a criança comete, como que inconseqüentes, só são promovidos à realidade pelas punições passionais que recebem dos adultos furiosos, rugindo de cólera, o que traz para a criança, até aí não culpada, todas as conseqüências da depressão." (ibid, p.354)

Essa afirmação tem enormes implicações. O olhar e o dizer adultos codificam, imprimem valor de realidade a uma dimensão lúdica. As rotulações adultas em torno da sexualidade incidem concretamente sobre a subjetividade da criança. Funcionam como *atributos incorporais* que produzem precocidade ou culpa: matam a sexualidade.

É o caso da cena 2, citada no início, da inspetora que, punindo uma brincadeira sexual entre as crianças, promove-a à realidade de "ato sexual", com as implicações que este tem para os adultos. Felizmente, como num hiato dessa confusão de línguas, ela se interrroga: "vou dizer que eles estavam fazendo o quê?", num misto de constrangimento e de dúvida em torno da qualificação que podia imprimir ao fato.

Com a devida inspiração em Ferenczi, Lourau (1991) chamará de *hipercomunicação* essa dimensão "terrível e deliciosamente obscura" na relação adulto-criança e ainda "mais obscura" na relação pedagógica pais-crianças, educadores-crianças: essa sobreimplicação imposta à criança pelo adulto, pela qual a criança fica sem voz e sem lugar, inexistente: "[a criança] é feita para ser observada, classificada, avaliada, julgada, separada, aprisionada. Está 'fora do jogo', como um jogador de futebol que, durante uma partida, recebe do juiz dois cartões amarelos." (Lourau, 1990, p.9)

Por que nos interessam essas idéias de Ferenczi e Lourau para pensarmos violência e sexualidade no cotidiano escolar? Ora, grande parte da violência presente no cotidiano escolar — inclusive daquela que atravessa as expressões sexuais, ou que tem sua fachada no "amor" — pode ser imputada a essa confusão de línguas.

Ferenczi alerta-nos ainda para o risco do efeito *opressivo* do amor do adulto para com a criança. "Os pais e os adultos deveriam aprender a reconhecer (...) por trás da submissão ou adoração de nossos filhos, alunos, o desejo nostálgico de se liberar desse amor opressor." (Ibid, p.353)

Hipercomunicação, confusão de línguas, sobrecodificação que afeta a infância: fazer da criança um pré-adulto, destiná-la à inscrição social normativa, eis o que não apenas a vida social em geral e a do Ocidente em especial, bem como as grandes teorias, tentam impor. Daí, a proposição de Godard: "as crianças são prisioneiros políticos" (apud Deleuze, 1992, p.55), evidenciando o poder desses mecanismos.

Devir criança e educador bilíngüe

A criança detém uma fragilidade constitucional subjetiva que está justamente a serviço da construção de mundos, de potência de ser. Inexiste algum caminho prévio e determinado que a criança devesse seguir a fim de se tornar um adulto. Criança é movimento singular que, afetado em seu percurso pelas múltiplas práticas modelares e inúmeros saberes técnicos, encontra seus próprios caminhos de resistência à normatização.

"Criança é potência de afetar e ser afetada. É um vir a ser cujo modo de produção é justamente decidir seus próprios rumos; movimento que não tem de obedecer necessariamente às regras de uma estrutura social constituída, mas pode traçar novos caminhos, desmanchar realidades e constituir novos mundos." (Mobiliza, 1995, p.2)

Inscrever a criança no mundo x ou y é precipitá-la na forma adulta.

Pergunta-se Lourau se essa confusão de línguas de que fala Ferenczi já não é a busca, pela criança, de uma linguagem secreta para resistir à violação do adulto.

Mais ainda, agrega que essa hipercomunicação do adulto, que *mata* a criança, afirma também que, já no adulto, a criança está morta. Fala de um adulto que perdeu seu devir criança.

---

3. A idéia de educador bilíngüe foi extraída de duas fontes: Daniel Stern, psicanalista americano, preocupado com as questões do desenvolvimento infantil, que comentando sobre suas próprias lembranças infantis, diz ter sido aos sete anos 'bilíngüe': entendia tanto a posição da criança, quanto a do adulto (Stern, 1992). André e Basile (1996a) utilizaram a idéia de professor bilíngüe na medida da utilização da expressividade e da linguagem pré-verbal no trabalho com crianças.

O educador pode encarnar esse devir criança: é o educador *bilíngüe*,[3] poliglota. É o educador que pode transitar entre níveis diferentes de linguagem, mostrando à criança outros códigos, sem no entanto hipercomunicar, sobrecodificar. É o educador que sustenta a possibilidade de múltiplas línguas. Da mesma forma que diante de problematizações novas precisamos correr o risco de pensar nos limites das fronteiras dos saberes instituídos, assim o educador, e particularmente aqueles que trabalham com crianças (cuja chance de encarnar esse devir criança está particularmente favorecida), devem se arriscar a transitar *entre* os códigos, não temendo as turbulências e o imprevisível.

O educador que respeita e admira o desconhecido, os mistérios, as diferenças, não se enreda na confusão de línguas. Não instala sua língua — a língua do adulto — como a única, verdadeira, ou melhor. Ao contrário, aposta na multiplicidade de línguas.

"Não se trata de proteger artificialmente a criança do mundo exterior, de criar para ela um universo artificial, ao abrigo da realidade social. Ao contrário, deve-se ajudá-la a fazer frente a ela; a criança deve aprender o que é a sociedade, o que são seus instrumentos. (...)A luta pela polivocidade da expressão semiótica da criança nos parece então ser um objetivo essencial. (...) Recusar fazer 'cristalizar' a criança muito cedo em indivíduo tipificado, em modelo personológico estereotipado. Isso não significa que se buscará sistematicamente fabricar marginais, delinqüentes, revoltados ou revolucionários! Não se trata aqui de opor uma formação a outra, uma codificação a outra, mas de criar condições que permitam aos indivíduos adquirir meios de expressão relativamente autônomos e portanto relativamente não recuperáveis pelas tecnologias das diversas formações de poder (estatais, burocráticas, culturais, sindicais, da comunicação de massa etc.)." (Guattari, 1987, pp.54-55)

As três regras do educador bilíngüe

De posse deste conceito: o da confusão de línguas, e de seu contraponto: o educador bilíngüe, podemos agora enunciar três proposições, configurando uma espécie de pauta ético-educativa, bússola para o educador nos territórios onde se processa a educação.

Como já fora pontuado, não se trata de regras morais de conduta. O valor de uma bússola é tão-somente o de assegurar algumas direções, posicionando o sujeito para que ele possa, justamente, ingressar na aventura da viagem com a necessária proteção contra os riscos que porventura o ameacem.

Regra 1: DELICADEZA

Não roubar da criança o prazer da descoberta pela rápida transformação da curiosidade em fórmulas científicas, morais ou qualquer outra.

Não prescrever regras absolutas ou proibições definitivas, desenvolvendo, ao contrário, a ternura, a delicadeza no trato das produções da criança.

Comentários à regra 1

— Quanto à delicadeza:
Refere-se ao respeito à condição peculiar da criança e do jovem: de crescimento, de constituição dos seus territórios e de seus mundos. Respeito à sua diferença.

Não se deve confundir delicadeza com sentimentalismo: no sentimentalismo, a produção da criança é recebida sempre no mesmo tom: "que bonitinho!", num falso acolhimento, que desconsidera a luta travada pela criança para produzir. Na delicadeza, o educador prioriza a sensibilidade que permitirá à criança avançar nas suas construções, protegida dos riscos de ver seu mundo ainda incipiente desabar, por excesso de crítica ou por falta de sustentação do adulto.

— Quanto à curiosidade:
Pretender uma educação que leve em conta as perguntas, a curiosidade, o desejo, não significa colocar no centro de cena o corpo ou a sexualidade. Aqui, de novo, trata-se de evitar algumas confusões: não tomar o desejo nem no sentido de uma questão sexual, nem no sentido de uma questão amorosa.

"Isto não quer dizer que se negue a existência dessas questões, mas que se convida ao deslocamento, para que a aprendizagem possa acontecer. Se há a necessidade de uma distância entre o professor e os alunos, não é um vazio mantido entre os corpos, uma recusa do adulto de se misturar nas relações entre os alunos, um recalque de um desejo de contato. Essa distância é o outro nome da recusa do corpo a corpo, do imediatismo, o outro nome deste espaço intermediário onde as mediações são introduzidas e que é desde então constituída em campo de trocas. (...) Não tocar, não se tocar, não é ficar surdo às necessidades afetivas, a um pedido de amor, não é ignorar que se é objeto de investimento para os alunos. É saber resistir à sua própria necessidade de amar e ser amado, e responder a questão com propostas de tarefas que permitam deslocar os investimentos da pessoa global do professor para vários outros objetos. É convidar os alunos a 'não ser como', mas a 'fazer como' aquele com quem se tem vontade de parecer e com quem nos encontraremos através de interesses comuns e tarefas divididas." (Colombier e outros, 1989, p.99)

Regra 2: NÃO EVITAR O DISRUPTIVO

Abrir-se às rebeliões da infância, escutar suas insubordinações, sem atrelá-las de imediato à dimensão da violência ou da desordem. A

138

agressividade da criança, suas recusas não são da ordem da violência. A agressividade da criança pede a aposta do educador, implica-o em suportar a turbulência.

Comentários à regra 2

— Quanto às rebeliões:

Quando a vida social como um todo é normatizada, disciplinada, as rebeldias tornam-se expressão de um desejo irreprimível de viver. As insubordinações da infância são potência de instalação de novas formas de viver, são dissidências aos modos de subjetivação dominantes e normativos sempre que detêm uma "espontaneidade rebelde" e que "escapam tanto aos saberes constituídos quanto aos poderes dominantes". (Deleuze, 1992, p.217)

Em geral, as manifestações de dissidência, inclusive as que se dão na relação pedagógica, são rapidamente transformadas em "desvios", patologizadas. Como no caso da cena 1, cuja agressividade de G., sua busca ativa de um lugar para viver, foi bruscamente convertida em psicopatia.

A rápida normatização do comportamento "diferente" pode produzir também efeitos de apassivamento e captura, nem sempre perceptíveis — pelo seu poder de silenciamento — mas igualmente violentos. Narrando a experiência de escolarização de crianças psicóticas, André e Basile (1996, p.32) analisam o caso da inserção de C. em uma classe comum de uma escola pública: *criança-diferente*, arredia, pouco falante:

"Já nos primeiros contatos com C., a professora fez uma observação que orientou toda sua conduta pedagógica: 'Costumo pensar nele como uma criança que sofre de excesso de obediência', dizia ela. Esse diagnóstico-ação revelou algo que as escolas sempre esperam das crianças-diferentes, assim como das crianças-problema: esperavam que C. fosse sem limites, desobediente, agressivo, desafetado. E C., como um espelho invertido dessa expectativa, sofria de excesso de obediência." (p.32)

— Quanto à agressividade e à violência:

A agressividade é uma dimensão constitutiva do humano: resposta ao olhar/posição do Outro[4] — presença abstrata do social no discurso — como impositiva de uma demanda, como preço a pagar pelo reconhecimento. A agressão está sempre ligada ao estabelecimento de uma distinção entre o *eu* e o *não eu*.

É sabido que o eu de cada sujeito funde-se sobre a imagem dos outros, por identificação. Logo, por toda a vida, o sujeito pode ficar inconscien-

---

4. "Outro — escrito com maiúscula, alude a um lugar e não a uma entidade. Diz-se lugar para significar uma ordem de elementos significantes que são os que articulam o inconsciente e marcam a determinação simbólica do sujeito. (...) Com minúscula, refere-se ao semelhante, ao próximo, no sentido daquele que temos frente a nós." (Vallejo; Magalhães, 1979, pp.105-106).

temente ameaçado de sentir que a vivência que tem de si mesmo não lhe pertence. Todas essas incertezas que questionam a coerência, a autonomia do sujeito, podem despertar a agressividade: defesa contra angústia, necessidade de desferir no outro a desordem que sente operando em si, forma também de distinguir-se, diferenciar-se.

A agressividade vem, também, em defesa do desejo e do sujeito: contra a captura no desejo do outro. O que os professores enfrentam, em geral, é a dramatização dessas forças no ambiente.

Já a violência não está inscrita na essência do humano; ela é construída e sustentada por múltiplos agenciamentos de práticas e discursos no coletivo. É uma particularidade do viver social em que o conflito se resolve pelo emprego da força, pela submissão do outro. É ato contrário à diferença: supõe subjugar o outro, submetê-lo.

A transformação de uma negativa da criança em sinal de violência ou sinal incriminador pode promover a produção do comportamento indesejado. Transforma em realidade e cristaliza como violentos e indesejáveis os efeitos de turbulência que poderiam ser expressos, construídos de outras formas.

Os procedimentos de censura e contenção são necessários sempre que uma expressão agressiva converta-se em ato anti-social, ameaçando a vida e a integridade do outro. Mas a tolerância e a inventividade permanentes para a transformação, bem como a conversão das agressividades em matéria humana, geradora de vida e favorável à convivência, são fundamentais no processo educativo.

— Quanto à implicação:
Na nossa atual formação social, caracterizada como uma sociedade de público, na qual a sociabilidade não é ativada e predomina uma subjetividade desafetada, há um grande risco de abandonar-se à ordem das coisas, de perder a esperança de imprimir sentido à vida. Esse risco pode afetar o educador. Daí que afetar-se, implicar-se, é uma importante dimensão da tarefa educativa.

Winnicott, um pediatra e psicanalista inglês com grande experiência no trabalho com crianças em situação de risco, trouxe grandes contribuições para pensar as chamadas tendências anti-sociais na infância: roubos, mentiras, condutas desordenadas e caóticas. Ele situa esses atos justamente na sua dimensão de rebeldia, de dramatização agressiva no ambiente, em vez de rapidamente enquadrá-los como patológicos ou desviantes.

Mais que isso, ele propõe que a criança, por meio de um ato anti-social, está *convocando o ambiente*, está chamando alguém a encarregar-se dele. Por isso ele diz que esse é um momento de grande esperança, que não pode ser desperdiçado por intolerância ou indiferença. O educador deve responder e corresponder a esse momento. (Winnicott, 1987)

Regra 3: ENERGIA

Um educador transita na linguagem da criança, mas deve sustentar sua(s) própria(s) língua(s) com energia. Nenhuma criança constitui seus códigos sem um interlocutor adulto. E essa sustentação nem sempre se dá por meio de regras ou de conteúdos, mas de posturas, de ações.
Nem piedosa, nem vingativa, a educação pede vigor. Pede tônus do educador e pode incluir acontecimentos "explosivos", como a conceituação de Makarenko.
O que distingue um "abalo explosivo" do educador e uma violência é que este abalo está totalmente a favor do crescimento da criança e da instalação de um campo coletivo de ação.

Comentários à regra 3

— Quanto às explosões:
"Eu denomino por explosão o conflito levado ao seu extremo, ao ponto em que não há mais nenhuma possibilidade de evolução, em que a disputa de direito entre personalidade e sociedade amadureceu; que, frente à flexibilidade e ruptura, se coloque apenas uma questão: ser membro da sociedade ou romper com ela. Quando os atingidos estão tão abalados em suas relações com a sociedade, e tão próximos do poder desta, então nem sequer têm tempo de escolher (não podem deixar de tomar partido), e a sugestão do movimento coletivo os arrasta. Somente um abalo explosivo deste liberta o indivíduo de sua consciência defeituosa, trazendo-o a uma afirmação existencial do pensamento e da ação coletiva pelo interesse da sociedade, para cuja realização passa a se saber co-responsável." (Makarenko apud Capriles, 1989, p.87)
Makarenko desenvolve essa idéia a partir de um incidente com um educando na Colônia Górki. Em 1920 ele recebera um convite para dirigir uma colônia pedagógica experimental para meninos criminosos e socialmente desajustados. A Rússia pós-revolução recusava a solução policialesca ou "correcional" (tipo reformatórios de menores) e propunha um trabalho concreto de readaptação das crianças e jovens pela via da educação e de sua integração na produção social.
No início dos trabalhos na Colônia, o confronto entre professores e alunos tornou-se permanente e cada vez mais violento: os educandos não respeitavam as normas do estabelecimento, nem obedeciam às instruções.
Makarenko narra o incidente, qualificado pelos docentes da Colônia de "absurdo pedagógico", na obra *Poema pedagógico*. Perante a recusa de um aluno a quem sugerira cortar lenha (recusa que se repetia nos dias anteriores), quando a sobrevivência na Colônia dependia da responsabilidade do coletivo, Makarenko tem uma explosão de cólera:

"Ofendido e encolerizado, levado ao desespero e à fúria por todos os meses precedentes, levantei o braço e apliquei um bofetão na cara de Zadaróv. Bati com força. (...) Vivenciei todo o absurdo pedagógico, toda a ilegalidade jurídica daquele incidente, mas ao mesmo tempo vi que a limpeza das minhas mãos pedagógicas era assunto de importância secundária em confronto com o problema que eu tinha pela frente. (...) Entretanto, nem por um momento eu pensei ter encontrado na violência uma receita pedagógica onipotente." (Makarenko, pp.25 e 29)

Pedagogia *épica* por excelência (apud Belinky, 1989), exercida em condições excepcionais (guerra, pobreza, jovens abandonados, pivetes e pixotes), ela é antes de tudo uma pedagogia das intensidades, da expressividade, das potências. Pedagogia na qual "o educador não se impõe, se expõe; na qual o educador não é enérgico, ele tem energia" (André e Basile, 1996a). Pedagogia aberta às invenções, inventora de sua própria língua.

* * *

Finalmente, a título de conclusão, convém recuperar nosso percurso. Propusemo-nos a pensar a emergência do enlace sexualidade-violência. Partimos, no entanto, de uma das faces menos cotidianas mas mais trágicas desse enlace: o abuso sexual do adulto contra a criança, para com ele aprendermos algo que diz respeito à tarefa educativa.

Aprendemos que aí — onde a criança silencia, se resigna diante do adulto — reside uma importante chave para a compreensão de todo tipo de violência na relação adulto-criança. Quer pela confusão de línguas ou pela hipercomunicação, trata-se do silenciamento e impedimento das múltiplas formas expressivas da criança.

Lançamos mão da idéia de educador bilíngüe como sendo aquele capaz de um exercício ético-pedagógico que combata as incidências da violência, sejam elas brandas ou repressivas, além de possibilitar caminhos para as potencialidades do devir criança.

Não prescrever regras absolutas, abrir-se às rebeliões da infância, sustentar o vigor, são resumidamente as regras de que se vale esse educador. Uma regra de delicadeza, uma de turbulência e uma de energia; curiosamente, todas guardam uma vizinhança com os territórios da violência e da sexualidade. Trata-se, em suma, de uma certa capacidade de transitar nas fronteiras desses territórios não temendo suas irrupções, mas buscando uma inventividade permanente para transformação dessas experiências-limite em matéria de convivência; apostando, enfim, na expansão da vida.

> *Estamos na presença da violência nas situações em que o desenvolvimento efetivo de uma pessoa em termos físicos e espirituais resulta inferior a seu possível desenvolvimento potencial. A violência é definida como a causa da diferença entre realidade e potencialidade.*
>
> JOHN GALTUNG

Bibliografia

ANDRÉ, S.A.; BASILE, O. (1996a) Escolarização de crianças psicóticas: a experiência do hospital-dia em saúde mental da Vila Prudente. Palestra proferida na PUC-SP (áudio).

_____ (1996b)Adeus à loucura. In: *Percurso*. São Paulo: Instituto Sedes Sapientiae, ano VIII, n.16, pp.24-34.

BASAGLIA, F. (1972) *La institucion negada*. Barcelona: Barral.

BELINKY, T. (1989) Prefácio. In: CAPRILES, R. *Makarenko: o nascimento da pedagogia socialista*. São Paulo: Scipione, pp.7-8.

CAPRILES, R. (1989) *Makarenko: o nascimento da pedagogia socialista*. São Paulo: Scipione.

COLOMBIER, C.; MANGEL, G.; PERDRIAULT, M. (1989) *A violência na escola*. São Paulo: Summus.

COSTA, J. F. (1983) *Ordem médica e norma familiar*. 2ª ed. Rio de Janeiro: Graal.

DELEUZE, G. (1992) *Conversações*. Rio de Janeiro: Ed. 34.

DONZELOT, J. (1986) *A polícia das famílias*. 2ª ed. Rio de Janeiro: Graal.

ENGUITA, M. F. (1989) *A face oculta da escola*. Porto Alegre: Artes Médicas.

FERENCZI, S. (1988) Confusão de língua entre adultos e crianças: a linguagem da ternura e da paixão. In: _____ *Escritos psicanalíticos: 1909-1933*. Rio de Janeiro: Taurus.

FERNANDES, H. R. (1994) *Sintoma social dominante e moralização infantil*. São Paulo: Edusp e Escuta.

FOUCAULT, M. (1977) *Vigiar e punir: história da violência nas prisões*. Petrópolis: Vozes.

_____ (1988) *Microfísica do poder*. Rio de Janeiro: Graal.

GUATTARI, F. (1987) *Revolução molecular: pulsações políticas do desejo*. 3ª ed. São Paulo: Brasiliense.

_____ (1992) *Caosmose: um novo paradigma estético*. Rio de Janeiro: Ed.34.

LOURAU, R. (1990) Prefácio. Em: ALTOÉ, S. *Infâncias perdidas*. Rio de Janeiro: Xenon, pp.9-10.

_____ (1991) Mesa giratoria. Hipercomunicación adulto/niño. In: ACEVEDO, M.J.; VOLNOVICH, J. C. (orgs.) *El espacio institucional II*. Buenos Aires, Lugar, pp.33-39.

MAKARENKO, A.S.(1989)*Poema pedagógico I*. 3ª ed. São Paulo: Brasiliense.

MANNONI, M. (1986) *La educación imposible*. Mexico: Siglo Veintiuno.

MOBILIZA/Grupo de trabalho clínico. (1995) *Clínica ampliada da infância e da adolescência*. São Paulo: mimeo.

STERN, D. (1992) *O desenvolvimento interpessoal do bebê*. Porto Alegre: Artes Médicas.

VALEJO, A.; MAGALHÃES, L. C. (1979) *Lacan: operadores de leitura*. 2ª ed. São Paulo: Perspectiva.

WINNICOTT, D. W. (1987) *Privação e delinqüência*. São Paulo: Martins Fontes.

www.gruposummus.com.br

IMPRESSO NA GRÁFICA
sumago gráfica editorial ltda
rua itauna, 789 vila maria
02111-031 são paulo sp
tel e fax 11 2955 5636
sumago@sumago.com.br